新课标
新语文
新学习
丛书

根据2017年版《普通高中语文课程标准》编写

丛书主编 褚树荣

本册主编 林忠港

学习任务群

18

学术论著专题研讨

学术初阶

上海教育出版社
SHANGHAI EDUCATIONAL
PUBLISHING HOUSE

丛书主编　褚树荣

本册主编　林忠港

目录

目　录

写在前面

在语文学习的道路上你跋涉许久，那些语词构成的密林，有时让你怅然若失，有时又使你茅塞顿开。在阅读前人中你一一收藏人类的智慧之光，在表达自我时你一一点亮自己的心灵之火。在无数个阳光灿烂的午后，或是星光明亮的夜晚，你被这样的火光牵引，走进书本，走向生活。这样的时刻可以称为“生命的唤醒”了，而我们就出现在这样的时刻里。我们有一个共同的名字——“语文树”，我们希望以树的形象和你站在一起，共同领略高处和远处的风景——《新课标 新语文 新学习》丛书。为了让你能与她相遇，我们努力了两年。希望这是一场温暖而让人百感交集的旅程，在旅程的起点，让我们暂缓脚步，听一场模拟对话吧。

新课标：语文学习“风向标”

生： 老师，您是语文学习的“过来人”，能谈谈如何学习语文吗？

师： “学”的本义是一个人在手把手地教习“爻”，“习”的本义是雏鸟练习飞出鸟窝，所以，“学”是知识的授受，“习”是技能的运用。古人云：“学而时习之，不亦说乎？”学到的知识能放到生活中去为我所用，这才是快乐的事情！语文学习也不例外，一定要注重知识学习和社会实践，要“知行合一”。

生： 语文学习离不开语文实践，这个道理大家都懂。国家在课程标准、语文教材等方面有相应的倡导吗？

师： 《普通高中语文课程标准(2017 年版)》是课程设置、教材编写、教学实施、考试评价的“国字号”文件。“核心素养”和“学习任务群”是其中的两大亮点。关于语文核心素养，很多专家发表过高见。现在看，还是《普通高中语文课程标准(2017年版)》的说法比较权威：

语文学科核心素养是学生在积极的语言实践活动中积累与构建起来，并在真实的语言运用情境中表现出来的语言能力及其品质；是学生在语文学习中获得的语言知识与语言能力，思维方法和思维品质，情感、态度与价值观的综合体现。主要包括“语言建构与运用”“思维发展与提升”“审美鉴赏与创造”“文化传承与理解”四个方面。

生：四个方面是语文学习的四大领域吧？这四种核心素养怎样才能提高呢？

师：它既是四种核心素养，也关涉四大关键能力，同时也是四个学习领域。为了培育语文核心素养，《普通高中语文课程标准(2017年版)》设置了18个学习任务群，分布在高中三年中修习。

请看下表：

学习任务群	学分安排		
	必修	选择性必修	选修(任选)
1 整本书阅读与研讨	1		
2 当代文化参与	0.5		
3 跨媒介阅读与交流	0.5		
4 语言积累、梳理与探究	1	1	
5 文学阅读与写作	2.5		
6 思辨性阅读与表达	1.5		
7 实用性阅读与交流	1		
8 中华传统文化经典研习		2	
9 中国革命传统作品研习		0.5	
10 中国现当代作家作品研习		0.5	
11 外国作家作品研习		1	
12 科学与文化论著研习		1	
13 汉字汉语专题研讨			2
14 中华传统文化专题研讨			2

（续表）

学习任务群	学分安排		
	必修	选择性必修	选修（任选）
15 中国革命传统作品专题研讨			2
16 中国现当代作家作品专题研讨			2
17 跨文化专题研讨			2
18 学术论著专题研讨			2
总计	8	6	12

课标组专家进行了大量研究，数易其稿，提出了18个学习任务群。那么，如何把这18个学习任务群分解成学习专题？分解成什么样的学习专题？如何学习这些专题？对你们来说，解决这三个问题是语文学习的核心任务。但目前还没有人提供系统的指导和现成的资源，这也是我们策划这套丛书的良苦用心。

新语文：培植语文大树

生：通过您的解释，我们理解了“新课标”之“新”。那么，“新语文”又“新”在何处呢？

师：一个“新”字，表明我们开发了新的语文学习内容。我们在策划专题时，充分考虑了四个标准。一是阅读选文的权威性和时代性。选文要经过历史沉淀，尽量体现经典权威，要搭准时代的脉搏，你们看到的文章应该有相当的新鲜度。二是呈现方式的生动性和悦纳性。你们是学生，不是研究专家，文章选择、活动设计和陈述语体，我们尽量保持喜闻乐见的面孔和平等对话的态度。三是活动设计的操作性和选择性。不管是文本阅读还是活动实践，我们都考虑到简单易行，照顾到弹性选择。四是价值追求的普世性和多元化。开放的眼光、宽容的心态和普世的价值，对你们来说，也是一种核心素养。这方面争取与现行教材成为互补。因为坚持这四条标准，所以这套丛书的内容、结构和呈现不同于以往任何一种教材和教辅。

生：这样看来，专题策划是重中之重。你们是怎样考虑的呢？

学术初阶

学 术 论 著 专 题 研 讨

师： 专题策划，我们郑重其事。我们把每个任务群分解成若干个学习专题，一共形成 119 个专题，每个专题主要分成“含英咀华（学者谈片等）”“实践笃行”两类活动，加上每个任务群的综合写作和口语活动，共计 270 次语文学习活动。这样，活动指向专题，专题指向任务群，任务群指向核心素养。如右图所示：

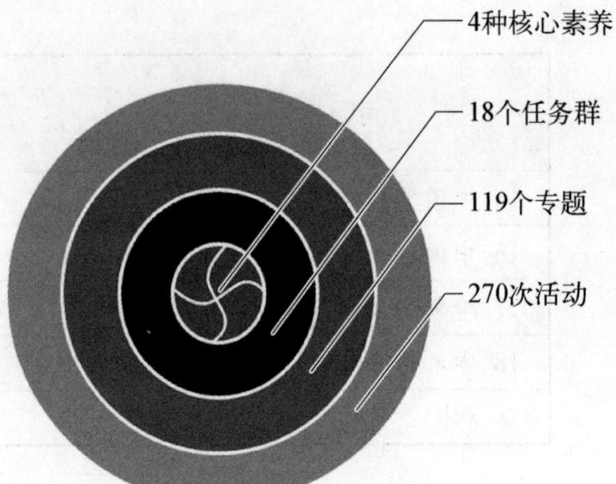

生： 看来专题内容就是学习的基本内容，119 个专题都涉及哪些内容呢？

师： 119 个专题的名称和学习范围如下，右边的学时是课标规定的，供同学们课外安排。

学习任务群	专题名称	专题内容	学时
1. 整本书阅读与研讨	1. 阅读的奥秘	整本书的阅读策略与方法	18 课时
	2. 理性的光辉	理解性、接受性阅读	
	3. 向深处追溯	拓展性、探究性阅读	
	4. 对话的姿态	参证性、批判性阅读	
	5. 把珍珠穿起	群文性、类型化阅读	
	6. 让心灵遇见	消遣性、休闲性阅读	
2. 当代文化参与	1. 聚焦与透视	关注并调查社会文化热点	9 课时
	2. 参与和建构	策划并参与当代文化活动	
	3. 探索与研究	探索并评价当代文化现象	
	4. 尊重与理解	养成尊重多元文化的意识	
	5. 保护与传承	策划民俗文化的现代传承	
3. 跨媒介阅读与交流	1. 拥抱新媒介	了解新媒体的种类和特点	9 课时
	2. 媒体三棱镜	理解不同媒介的同题表达	
	3. 理性的眼神	学会辨别媒体立场和态度	
	4. 媒介小达人	学习跨媒介技术传播资讯	
	5. 跨界共同体	创建跨媒介学习共同体	

（续表）

学习任务群	专题名称		专题内容	学时
4. 语言积累、梳理与探究；13. 汉字汉语专题研讨	上编	1. 走向符号化	理解汉字简化，能够识繁写简	72课时
		2. 意义关系网	了解语义与语境的关系	
		3. 语义的河流	了解词义的类型及其流变	
		4. 格式化的语言	理解并正确使用熟语	
		5. 情境中的约定	学习语用的规律和规范	
		6. 修辞立其诚	了解并运用修辞提高表达效果	
		7. 生活小逻辑	了解逻辑，提高语用的逻辑性	
	下编	8. 语言的魔方	对联的欣赏与写作	
		9. 时代晴雨表	了解民谣背后的社会和民生	
		10. 歧路中抉择	了解文言白话的特点及其分离	
		11. 语言的狂欢	了解网络语言，认识语言规范	
		12. 文化全息码	探究汉字与文化的关系	
5. 文学阅读与写作	文字秘密	1. 超越惯性	了解诗歌的陌生化技巧	45课时
		2. 文质彬彬	了解散文的知性与感性	
		3. 河的第三条岸	了解小说的想象与虚构	
		4. 尺水里的波澜	了解戏剧的冲突与巧合	
	大地事件	5. 灵魂没有白发	文学“成长”母题阅读与写作	
		6. 零度以上的风景	文学“爱情”母题阅读与写作	
		7. 倒下的真理	文学“战争”母题阅读与写作	
		8. 我应该是一阵风	文学“自然”母题阅读与写作	
		9. 旧故里草木深	文学“故乡”母题阅读与写作	
	大师法则	10. 站在文学背后	创作与鉴赏的理论研习	
6. 思辨性阅读与表达		1. 谬误与审辩	了解思辨的误区和审慎的说理	27课时
		2. 经典的回响	研读经典的论述文本	
		3. 公民的情怀	关注并评论公共事件	
		4. 别样的声音	研读争鸣、答辩类文本	
		5. 价值的困境	理解人性和人生的多元性	
		6. 阐幽与发微	阐释文的阅读与写作	
		7. 证据与逻辑	立论文的阅读与写作	
		8. 对话与驳诘	驳论文的阅读与写作	

（续表）

<table>
<tr><th>学习任务群</th><th colspan="2">专题名称</th><th>专题内容</th><th>学时</th></tr>
<tr><td rowspan="7">7. 实用性阅读与交流</td><td colspan="2">1. 运筹帷幄</td><td>策划书的阅读及写作</td><td rowspan="7">18 课时</td></tr>
<tr><td colspan="2">2. 谈言微中</td><td>访谈的设计和实录</td></tr>
<tr><td colspan="2">3. 走进现场</td><td>沙龙对话和演讲活动</td></tr>
<tr><td colspan="2">4. 亮出你自己</td><td>面试活动及相关写作</td></tr>
<tr><td colspan="2">5. 社会广角镜</td><td>时评的阅读和写作</td></tr>
<tr><td colspan="2">6. 电子工作坊</td><td>新媒体的阅读和表达</td></tr>
<tr><td colspan="2">7. 求真之眼</td><td>复杂说明文的阅读</td></tr>
<tr><td rowspan="8">8. 中华传统文化经典研习</td><td colspan="2">1. 春秋笔法</td><td>古代史事传记研习</td><td rowspan="8">36 课时</td></tr>
<tr><td colspan="2">2. 寂寞圣贤</td><td>古代诸子散文研习</td></tr>
<tr><td colspan="2">3. 名士情怀</td><td>古代游记小品研习</td></tr>
<tr><td colspan="2">4. 心灵律动</td><td>古代诗词散曲研习</td></tr>
<tr><td colspan="2">5. 铺采摛文</td><td>古代骈文辞赋研习</td></tr>
<tr><td colspan="2">6. 应世致用</td><td>古代书信公牍研习</td></tr>
<tr><td colspan="2">7. 仁心写真</td><td>古代序跋碑志研习</td></tr>
<tr><td colspan="2">8. 瑰奇想象</td><td>古代志怪传奇研习</td></tr>
<tr><td rowspan="10">9. 中国革命传统作品研习；
15. 中国革命传统作品专题研讨</td><td rowspan="3">上编</td><td>1. 得体与审美</td><td>“红色”作品文学性研读</td><td rowspan="3">9 课时</td></tr>
<tr><td>2. 严密与崇高</td><td>“红色”作品思辨性研读</td></tr>
<tr><td>3. 写实与宣传</td><td>“红色”作品实用性研读</td></tr>
<tr><td rowspan="7">下编</td><td>4. 匕首与投枪</td><td>鲁迅杂文专题研讨</td><td rowspan="7">36 课时</td></tr>
<tr><td>5. 一代天骄</td><td>毛泽东诗词专题研讨</td></tr>
<tr><td>6. 红色舞台</td><td>“红色”经典剧本专题研讨</td></tr>
<tr><td>7. 大地的歌吟</td><td>“白洋淀派”小说专题研讨</td></tr>
<tr><td>8. 时代的乐章</td><td>当代散文三大家专题研讨</td></tr>
<tr><td>9. 黎明的通知</td><td>艾青诗歌专题研讨</td></tr>
<tr><td>10. 科学之春</td><td>徐迟报告文学专题研讨</td></tr>
<tr><td rowspan="6">10. 中国现当代作家作品研习</td><td colspan="2">1. 曾经的路途</td><td>现当代文学史梳理</td><td rowspan="6">9 课时</td></tr>
<tr><td colspan="2">2. 缪斯的眼神</td><td>现当代诗歌研习</td></tr>
<tr><td colspan="2">3. 人生的况味</td><td>现当代散文研习</td></tr>
<tr><td colspan="2">4. 杨树的倒影</td><td>现当代小说研习</td></tr>
<tr><td colspan="2">5. 舞台你我他</td><td>现当代戏剧研习</td></tr>
<tr><td colspan="2">6. 别有幽情生</td><td>港台文学研习</td></tr>
</table>

（续表）

学习任务群	专 题 名 称	专 题 内 容	学 时
11. 外国作家作品研习	1. 文明的滥觞	外国古代文学作品研习	18 课时
	2. 精神的宇宙	外国文艺复兴文学作品研习	
	3. 求索与救赎	外国近代文学作品研习	
	4. 荒诞与魔幻	外国现代主义文学作品研习	
	5. 历险与抗争	美国文学作品研习	
	6. 东方的情思	东方近现代文学作品研习	
12. 科学与文化论著研习	1. 生态因果链	生态与环境类文本研习	18 课时
	2. 潘多拉魔盒	生物与基因类文本研习	
	3. 天道近物理	天文与物理类文本研习	
	4. 逻各斯密码	数学与逻辑类文本研习	
	5. 科学的圣殿	科学与哲学类文本研习	
	6. 遇见在巅峰	科学与人文类文本研习	
14. 中华传统文化专题研讨	1. 批判与继承	传统文化的现代观照	36 课时
	2. 仁义与中庸	儒家文化专题研讨	
	3. 逍遥与隐逸	道家文化专题研讨	
	4. 性命与慈悲	佛教文化专题研讨	
	5. 生克与消长	阴阳五行文化专题研讨	
	6. 血缘与亲情	宗族文化专题研讨	
	7. 祈祷与禁忌	民俗文化专题研讨	
	8. 象征与暗示	汉语文化专题研讨	
16. 中国现当代作家作品专题研讨	1. 诺奖情缘	诺贝尔文学奖获奖作品欣赏	36 课时
	2. 琴心剑胆	中国武侠文学欣赏	
	3. 朦胧诗界	中国现当代朦胧诗欣赏	
	4. 时代样板	现代京剧经典唱词欣赏	
	5. 精神寻根	寻根派文学研讨	
	6. 实验先锋	先锋派文学研讨	
	7. 超体空间	科幻作品研读及创作	
	8. 古典格局	章回体小说研讨	
17. 跨文化专题研讨	1. 永恒的爱情	探究爱情在中外戏剧中的表现	36 课时
	2. 走出苦难	中西方文学对苦难的救赎	

（续表）

学习任务群	专题名称	专题内容	学时
17. 跨文化专题研讨	3. 文本的旅行	探究英汉传译的文化意义	36 课时
	4. 镜头下的异域	探究东西方文化碰撞与融合	
	5. 你追求的真实	审视外媒视角下的中国事件	
	6. 不一样的狂欢	中西方节日文化比较	
	7. 从对方眼中发现	西方汉学家笔下的中国古典风流	
18. 学术论著专题研讨	1. 涵盖乾坤	哲学类论著选文研读	36 课时
	2. 平正中和	政治类论著选文研读	
	3. 经世济民	经济类论著选文研读	
	4. 返观内照	文化类论著选文研读	
	5. 光风霁月	教育类论著选文研读	
	6. 曲院风荷	艺术类论著选文研读	
	7. 凝固美学	建筑类论著选文研读	

生： 这样的内容确实跟现有的教材不一样！还有哪些写作和口语交际活动呢？

师： 你们最终要进入社会，阅读、写作和听说三者不可偏废，尤其是听说能力，其重要性远在阅读与写作之上，但目前这一块非常薄弱。因此，写作和口语交际是非常重要的课程内容。我们对写作和口语的训练点分解布局如下：

学习任务群	写作训练			口语训练	
	训练点	训练内容	文体	训练点	训练内容
1. 整本书阅读与研讨	摘录与批注	训练摘录与批注，培养良好的读书习惯	读书笔记	推介	介绍和推荐，突出被推介者的特色，让他人接受和认同
2. 当代文化参与	选点与提纲	筛选主题，分解提纲，确立行动框架	调查访谈	采访	根据提纲采访，实施调查，获取需要的信息
3. 跨媒介阅读与交流	技术与媒介	了解新媒体知识，训练相关媒体的运用技能	媒体交流	主持	关注主题，把控现场，串联话题，启发互动，完成跨界交流

（续表）

学习任务群	写作训练			口语训练	
	训练点	训练内容	文　体	训练点	训练内容
4. 语言积累、梳理与探究； 13. 汉字汉语专题研讨	解释和说明	训练解释和说明的方法，促进阅读理解	说明文类	申诉	申告和诉求，提出要求、愿望，表达利益关切
5. 文学阅读与写作	虚构中的真实	学习想象虚构技巧，增进文学素养	微型小说	讲述	讲述事件经过，还原事情真相，吸引听众的关注
6. 思辨性阅读与表达	基于证据的推理	训练围绕观点组织证据，根据证据进行推理	立论驳论	辩论	就共同话题，与见解不同的人辩驳争论，阐述理由，申明观点
7. 实用性阅读与交流	公共事件报道	训练聚焦新闻事件，并作出客观表达	新闻通讯	演讲	面对公众表达立场、观点和情感，唤起听众共鸣
8. 中华传统文化经典研习	格式与韵律	了解古诗基本格律和范式，仿写古诗词和对联	仿古诗词	倾听	在口语情境中，倾听对方，获得真实和重要的信息
9. 中国革命传统作品研习； 15. 中国革命传统作品专题研讨	广告与宣传	认识标语的广告功能，训练广告词或宣传标语的写作	广告标语	谈判	根据焦点问题，与不同利益方沟通，取得共识
10. 中国现当代作家作品研习	变异和陌生化	认识文学语言特点，训练文学地表达	现代诗歌	朗诵	各种文学朗读和诗词吟诵，用声音艺术感染人
11. 外国作家作品研习	神聚与形散	认识散文（随笔）的文体特征，训练相关写作技巧	散文随笔	聊天	掌握倾听、追问、附和、献疑、转换等谈话技巧，学会聊天
12. 科学与文化论著研习	设计和报告	认识验证与科学研究的关系，训练实验报告基本写法	实验报告	质询	就困惑处、怀疑处、否定处提出疑问和质询，引起回应
14. 中华传统文化专题研讨	创意与策划	学习策划主题活动，训练策划文案的写作	活动策划	论坛	在专题论坛上，限时发表简要观点，申明理由，获得听众认同

(续表)

学习任务群	写作训练			口语训练	
	训练点	训练内容	文体	训练点	训练内容
16. 中国现当代作家作品专题研讨	鉴赏和批评	简介评论的种类,训练时评和文评的写法	评论写作	讨论	就某个话题组织讨论,记录讨论内容,形成讨论结果
17. 跨文化专题研讨	译介信达雅	翻译的基本要求,训练古文、外文和现代散文的互译	翻译介绍	报告	在学术活动中简明扼要地向专家及听众汇报研究成果
18. 学术论著专题研讨	尊重学术规范	简介小论文写作规范,学习小论文写作	学术论文	答辩	在学术活动中解释自己的科研成果或论文,并答复专家的提问

新学习:转轨,以正确的姿态

生: 学好该丛书,我们需要怎样的学习方式呢?

师: 我们对于丛书的定位是:它是“学本”,你们可以把它当作自学课程;也是“脚本”,你们可以据此进行社会实践活动;也可以是“教本”,教师把它作为统编教材的补充。其实,古往今来,人类任何一种有效的学习,本质上都是自学,都是运用。课外以自学、实践为主,依靠同伴互助,联结社会生活;课内比照、参考为辅,延伸老师讲解,拓宽学习视野,便是自学这套丛书的主要策略,这和多数同学的学习习惯形成互补关系,而不是取舍关系。

生: 课内学习和课外活动的关系怎么处理呢?我们已经够忙了,哪里还有时间去完成课外活动呢?

师: 必须承认,很少有人只靠课内学习就能够解决一切问题,同学们要思考的是,语文不是靠有限的几篇范文细嚼慢咽就能够提高素养的。朱熹说:“问渠那得清如许,为有源头活水来。”语文素养犹如映照着天光云影的“半亩方塘”,而语文实践犹如源源不断的“源头活水”。课内教材和课外自学,不是取舍关系,而应该“得而兼之”。作为在校生,更好的学习方法是“同步”和“配套”。同步,就是进度和节奏与学校课程保持一致。这套丛书的学习周期是三年。每个任务群的自学时间可以参照新课标规定,当然同学们也可以根据自己的学习实际灵活调配。“配套”是指内容上的相辅相成。课内学习哪个任务群,课外相应配套该任务群学本以拓宽和加深。这样,教师的教学和你们的自学形成联动,课内的指令性任务和课外自主性实践产生互补,效果更好。

生: 我们自学这套丛书时,书的框架体例能给我们怎样的帮助呢?

师: “写在前面”主要让你们了解整套丛书的框架和内容,从中我们可以发现,16 册书形成了一个系统性的结构,与新课标 18 个任务群严丝合缝地对接,同时也指明学习目标、学习内容和学习方式。第一板块“学习导航”包括“按图索骥”和“课标传真”,前者是学习专题的形象图示,你们一看就知道本书的内容;后者是让同学们了解本任务群的学习目标、学习内容和学习方法。第二板块“他山之玉”是你们的同龄人或者其他学校学习的成功案例,可提供借鉴的方法和思路。“助学指津”是对于完成任务群的方法和策略建议。这一板块有些任务群是省略的。第三板块“专题问道”是全书的主要内容,“含英咀华(学者谈片等)”为同学们提供更多古今中外的文化精华。“实践笃行”是该任务群学习的加深和拓宽活动,有的侧重学术研究,有的侧重社会实践。第四板块的“锦心绣口”是综合写作活动和口语活动,也是丛书精心开发的活动体系,要扎实训练。第五板块“我学我秀”里有你们同龄人的学习成果展示,也包括一份综合性的“自我评估”题,相当于任务群学习质量的自我评价,而这种评价的理念和方式,完全不同于你们常见的应试题目,不妨一试。第六板块是“知识附录”,这里有本书所有题目的参考答案以及其他有价值的知识,包括整个任务群的推荐阅读书目。

生: 我注意到每一个专题的“含英咀华(学者谈片等)”后面还有“我思我在”,相当于课文后面的思考练习吧?怎么落实这个任务呢?有些“实践笃行”也不是一个人可以完成的。这样的学习是否也可以在课内外和同学们一起完成呢?

师: 需要强调的是,“我思我在”作为文后的学习任务,都是本书的编撰者精心构思的问题，指向文本的内核，同时又扣住专题的主题。为了与文本形成对话，文后的题目并不是聊备一格的虚设，而是非常重要的深入文本的途径，也是理解专题的抓手。“实践笃行”跟文本阅读同样重要，无论是学术性探究还是社会化实践，都是形成语文能力的必经之途。这些活动，有的要独立思考，有的要同伴互助，这要根据任务的性质来定。

生： 丛书确实有着全新的内容和形式，好好学习，相信一定能够提升我们的语文素养。

师： 古人说：“取法乎上，仅得其中，取法乎中，仅得其下。”我们的理念从现实的土壤里生长出来，但又超越现实。我们的创意是长期教学经验的升华，但又带着实验的因子。我们的开发团队，虽然属于当地一线名师，但个体经验毕竟不能代替科学理论。纵然有美好愿景在远处指引，有专业激情在内心推动，但由于我们自身水平有限，最终能否实现预期目标还有待于读者的检验。为了把这件事情做得更好，我们非常需要读者的反馈、批评和建议。建构自学语文课程非常艰难，丛书仅仅是自学课程的框架和拐杖。要在语文学习过程中形成核心素养，不仅需要学本，更需要时间，需要生活。“纸上得来终觉浅，绝知此事要躬行”，生活和阅历才是人生最好的教科书。

褚树荣
2018 年 3 月

新课标 新语文 新学习

学习导航

我们命定的目标和道路，不是享乐，也不是受苦，而是行动，在每个明天，都要比今天前进一步。

——朗费罗《人生颂》

千里之行，始于足下，学习过程犹如一场远行。“按图索骥”呈现了行走的“路线图”，“课标传真”昭示了行走的“目的地”。我们希望一个个专题就是学习之旅中的一个个驿站，你可以体验学习的全程，也可以自由选择：你如果顺图而行，每一站都各有精彩；你如果率性而行，你最想去的地方就在那儿等你。为了便于选择，我们对每一站风景都作了简要介绍。

旅程最艰难的就是迈出第一步，我们期待你的加入。

按图索骥

专题1　涵盖乾坤

天地玄黄，宇宙洪荒，日月盈昃，辰宿列张，寒来暑往，秋收冬藏。在天地中叩问我是谁，我从哪里来，我到何处去。哲学类论著选文研读，可以打开我们的学术视窗。

专题2　中正平和

怨不在大，可畏惟人，载舟覆舟，所宜深慎，奔车朽索，其可忽乎！政治的事就是人的事，维持公平与正义始终是良性政治的追求。政治类论著选文研读，可以丰富我们的学术创见和思想。

专题3　经世济民

发上等愿，结中等缘，享下等福；择高处立，寻平处住，向宽处行。我们既要维道济世，兼善天下，又要厚德载物，随遇而安。经济类论著选文研读，可以正视论著的学术影响和价值。

专题4　返观内照

观今鉴古，无古不今。知己知彼，将心比心。周虽旧邦，其命维新。一国的文化往往隐在历史的深处，从现代看古代，从他者看自身，方可三省吾身。文化类论著选文研读，可学到学术批判的立场与视角。

专题5　光风霁月

学而不厌，诲人不倦。性天风月，如坐春风。十年树木，百年树人。教育从来都是慢的艺术、柔的艺术，不是槌的敲打，而是水的轻歌曼舞，使鹅卵石臻于完美。提高学术表达和能力，同样需要艺术。

专题6　曲院风荷

悠悠烟水，澹澹云山；泛泛渔舟，闲闲鸥鸟；一湾柳月，十里荷风。人是按美的规律造形的，也是按美的规律表现内心的。艺术类论著选文研读，从中可以借鉴到学术规范和道德。

专题7　凝固美学

筑垣须广，空地多存，任意为持，听从排布，择成馆舍，余构亭台。建筑是凝固的音乐，它有音符，有节奏，有旋律，能唤醒我们沉睡的灵魂。建筑类论著选文研读，可以提高我们的学术境界。

课标传真

学习任务群18　学术论著专题研讨

本任务群旨在引导有这方面追求的学生阅读学术论著，体验学者发现问题、探索解决问题的路径，以及陈述学术见解的思维过程和表述方式，尝试写作小论文。

1. 学习目标与内容

(1) 根据个人的阅读兴趣和平时积累、思维特点以及未来发展方向，选择适宜的学术著作深入研讨，撰写研讨笔记。

(2) 将研读学术著作过程中生成的关注点、问题点、质疑点等进行梳理概括，形成专题，深入研讨；或围绕相关学术话题，组织研讨活动。

(3) 整理提炼专著研读或专题研讨的成果，借鉴专业学术论文的形式写成学术性小论文，相互交流。

2. 教学提示

本任务群为 2 学分，36 课时。建议学术著作选读为 22 课时，学术专题研讨为 8 课时，学术性小论文写作为 6 课时。

(1) 学术著作选读，应在“科学与文化论著研习”学习的基础上，结合“整本书阅读与研讨”进行，以学生自主研读为主。选读的学术著作篇目，可由教师充分考虑各类学术著作的特质，参照本地、本校的图书、网络等资源向学生推荐；学生也可依据自身阅读兴趣、发展方向，自主选择。

(2) 学术专题研讨在研读著作的基础上进行，由参与这项学习的学生各自报告阅读心得，交流研讨；也可以围绕与所读学术著作相关或相近的话题组织研讨。学术专题研讨倡导平等对话、学术自由，坚持学术规范；表达观点有理有据，符合逻辑。

(3) 学术性小论文不同于一般的议论文，其写作的重点在表达研究成果，可参阅学术论著的基本格式和语言表达。理论推导、数据引用等应坚持学术规范，不作假，不抄袭，不强词夺理。尊重他人研究成果，引用资料应注明出处，文末应注明参考书目。

《普通高中语文课程标准(2017 年版)》

学习建议

学习目标

专题 1　涵盖乾坤

1. 能通过查阅资料，了解学者的身世以及研究的时代背景，从而准确理解学者的研究意图。

2. 能发现论著中有哲理的话语、有规律的表述。

3. 能养成记录要点等方式倾听别人发言的良好习惯，能积极主动地在讨论时交流、表达。

专题2　中正平和

1. 用圈点勾画等方法，学习学者的论证方式，分析材料与材料之间、要素与要素之间的逻辑关系。

2. 能发现、识记、内化论著中从来没有见过的结论。

3. 能通过论著的学习，加深对政治的思考与认识。

专题3　经世济民

1. 能画出论著的谋篇布局结构图。

2. 通过学习，进一步发现学者运用相关材料生成观点的方法。

3. 能累积相关的经济学原理，评价当前的经济状况。

专题4　返观内照

1. 能在研读论著的基础上，看出学者的研究视角，寻找论著中真实可靠的史料，探讨本质的带有规律性的结论。

2. 能运用各种理论的立场、观点和方法，对具体的现象进行符合历史本来面目的具体分析。

3. 能感受学者不畏权威、不拘成见的学术道德。

专题5　光风霁月

1. 能独立阅读、独立思考，与文本、学者、老师、同学展开对话，表达自己的阅读感受。

2. 能在对专题人文内涵理解的基础上收集资料，内化资料。

3. 能养成尊重他人成果，对别人的研究成果加以引用的习惯。

专题6　曲院风荷

1. 能发现学者是如何把材料变成自己的东西的。

2. 能感知学者的思维方式，探讨论著分析论证的特色。

3. 能摘录自己喜欢的语句，并对摘录进行分类。

专题7　凝固美学

1. 能提炼出一部学术类著作的主题。

2. 能发现不同流派理论的交锋点、理论与实际的脱节点。

3. 能明白思想家就是那些能说出别人心里想说却说不出的话的人。

课时计划

为方便研读，我们制作了学术论著研读的课时计划表：

类　别	组　　成	课　　时
学术著作选读	哲学类论著选文研读	选读 3 课时，研讨 1 课时
	政治类论著选文研读	选读 3 课时，研讨 1 课时
	经济类论著选文研读	选读 3 课时，研讨 1 课时
	文化类论著选文研读	选读 3 课时，研讨 1 课时
	教育类论著选文研读	选读 3 课时，研讨 1 课时
	艺术类论著选文研读	选读 3 课时，研讨 1 课时
	建筑类论著选文研读	选读 3 课时，研讨 1 课时
	自我评估	2 课时
学术性小论文	写前指导	2 课时
	小论文写作	2 课时
	小论文答辩	2 课时

说明：关于 7 个专题研讨课时安排，哲学类论著选文研读、政治类论著选文研读、经济类论著选文研读、文化类论著选文研读、教育类论著选文研读、艺术类论著选文研读、建筑类论著选文研读，原则上都安排选读 3 课时，专题研讨 1 课时。为了对自己的学习进行评价，还安排了 2 课时自我评估。但是在学习中，可以根据实际情况，予以弹性处理，未必拘泥于硬性的规定。总之，学术论著选读共 30 课时。

关于学术性小论文写作，写前指导安排 2 课时，小论文写作安排 2 课时，论文答辩安排 2 课时，共 6 课时。显然，这样的课时安排是符合新版普通高中语文课程标准的精神的。

新课标 新语文 新学习

他山之玉

他山之石，可以为错……他山之石，可以攻玉。

——《诗经·小雅·鹤鸣》

我们的学习之旅从来不缺少先行者和陪伴者，前者给了我们“吾道不孤”的支持，后者给了我们同气连枝的勇气。他们的努力、探索与富有成效的实践收录在“他山之玉”中，与我们复调歌唱，互为补充。我们相信这将是一种超越时空的呼应，是基于文字和生活之爱的握手。当然，学习之路从来也是艰辛的，在旅途陷入迷茫或困境时，建议你读一读“助学指津”，也许有助于你开拓道路和把握方向。

玉石在怀，“攻玉”就是修炼，且让我们开始如切如磋，如琢如磨。

案例描述

中学生也需要研究学术吗？有的人也许会产生这样的疑问。其实，有这样的疑问也很正常，因为我们的中学教育似乎没有研读学术论著的传统。如果我们将视线转向国外，看看人口只有三亿多的美国，却连连摘取诺贝尔奖，就会发现中美两国在学术研究方面存在的差距。从这个意义上说，我们确实有尽早步入学术殿堂的必要。

然而，研读学术论著毕竟是一件陌生的事儿。面对众多的学术论著，我们应该怎样选择呢？我们应该如何研读呢？我们应该如何撰写论文呢？这里选择的三个案例，或许可以给我们带来一些启示。

七月读书正当势，暑热炎炎心自凉[①]

黄孟轲

“当势”是我家乡的方言，意为正好、真好、恰当，常指作物或人事，我很喜欢这个词，有味有质。有人说，现今世界能够安分守住自己的学人也已经不多了。我只觉得身边还在尽心读书为学的这几年愈发少了，我非常怀念八九十年代的那一帮读书的友人，近年读得较多的是民国时代如陈寅恪、王国维、胡适，那才叫读书人。有时思来想去读书教书写书数十年，掂掂己身分量，虽不敢稍然懈怠，终一腐书生，拙弱者，只能空羡那些智勇强者，或逐鹿中原天上地下闯荡，或弄潮商海钱湖。然而，此时窗外暑热炎炎，万籁寂静，我赤膊捧读于陋室，时嗔时喜时庄时谐，抛开天地的一切，品味庄周、屈骚、苏子，感悟加缪、萨特、卡尔维诺，渐渐心随云卷云舒，意似花开花落。暑热炎炎心自凉呀！

放下书来常胡思乱想，一介以教学生读书求知而谋稻粱者，在现今的世道里还是要能够守住一点内心的清凉，或找到一点也许是自以为是又难得的秉持学术的情趣，其要

① 选自 hmkcixi 的博客，http://blog.sina.com.cn/s/blog_5616b55a0100eap6.html，2017 年 11 月 18 日。

旨，其弘义当然不为国策方略，但细节会决定成败。

想想每日要面对我的那些可爱的学生，可不能虚度，虚度是一种罪过。我辈读书当然不再如范仲淹断齑划粥，也达不到司马光警枕励志之情怀，觉得学问不是半桶水一桶水，只有像那涌泉之水，才能使肚里知识常青，让一日日在衰弱的生命之树多点绿色少点颓败。我常常对我的学生或好学的弟子说，读一些好书好文与那些智者善者交心接脉至少是一种幸福，至少可以让心得到一点充实与安妥，在喧嚣的欲念夹缝中让心沉淀，静心治学，平心处世，读点书吧。

古人说做学问要立德、立功、立言；也有人把做学问的人分为四种：一是学人，指掌握本学科基本知识的人；二是学者，指有丰富知识和独到见解的人；三是学家，能够建立独到研究方法和理论体系的人；四是学道，能将为人与为学升华为一种“有而不有，知而不知”的境界，并修炼成一种“常无”的心境。像我这样一个教书先生，只能仰望“三立”“四家”，只是一种希冀自勉而已。算是“学人”大概不成问题，因一直在“学”；但距“学者”，虽一直以此自勉，总觉得仅是为之努力而已。作为一个传道授业解惑者，说不上担当与济世，只是一直战战兢兢地站在讲台上，一直笨笨拙拙地备着课，炎炎赤日苦读书是不敢懈怠呀！

又添了不少书刊，虽然一直在读，可暑假是一年中的读书最好时节；赤日炎炎读闲书，大概同古人“雪夜闭门读禁书”一样有味。每年暑假总要胡乱读三四十本，这里把暑假七月读的择要记个流水账，与爱书的朋友作个交流。

张五常等著《站在经济学的高坡上——杨小凯纪念文集》。此书是 7 月 16 日在内蒙古宁夏等地旅游途中于西宁图书大厦购得的。我不懂经济学，更加不懂杨小凯的新兴古典经济学理论，虽然也偶尔读一点中外经济学方面的著述，但也只是了解一点最基础的，尤其在这博大精深的学说面前完全似懵懂的孩子。之所以关注杨小凯，一是他特殊的求学及人生经历，这也是最感动与激励我的；二是他经济学理论的重大贡献。作为著名的华裔经济学家，杨小凯以其充满传奇色彩的奋斗经历和学术成就享誉海内外。他靠自学任武汉大学教师且考入美国普林斯顿大学，并于 1988 年获普林斯顿大学经济学博士学位。他两次获诺贝尔奖提名。他与人合著的《专业化和经济组织》一书被权威杂志书评为“盖世杰作”。他的《经济学：新兴古典与新古典框架》被称为“对经济学根基进行重新梳理，为经济学教学提供了崭新的方法”。

他山之玉

读《站在经济学的高坡上——杨小凯纪念文集》时，不时被感动，又不时掩卷唏嘘，真是天妒英才！他的一生都在向经济学的最高峰苦苦攀登，尤其在患癌症以后与病魔对抗的顽强，在“文革”十年牢狱之灾作为难得的受教育机会，说他的离世是“这个不平静的世界里一个罕见传奇及其终结”一点不过分。

郭灿金的《古典下的秘写》。之所以买这本书，是几年前在一本读书杂志上读到《杜十娘：泡沫爱情的杰出代表》一文，觉得很有意思，因为他以一个全新的视角评说杜十娘的悲剧。有人说这部书是“在赞誉与诋毁之间前行”，有人说他“哗众取宠”“恶俗”“炒作”，我读后觉得没有这么可怕，本来一部历史，一部文学作品见仁见智都很正常，只不过我们长期以来听不得另类的解读，其实换一种眼光看问题也许会使问题更接近真相。全书最精彩的是《西厢记：古典浪漫爱情的终结》。全篇饱含着幽默的笔调、独到的见地与锋利的思想。如“我必须充满惭愧地承认，少不更事的我曾经长久地为《西厢记》的诲淫诲盗深深陶醉。及至弱冠，《西厢记》中的‘有情人皆成眷属’的虚伪光辉亦令我生出仰慕的感觉。而今年近四十，始知诲淫诲盗和皆成眷属是《西厢记》的两极，而两极的连接处却是我们的盲点。《西厢记》高度符号化的人物的所指是其一面，而作为另一面的能指被我们忘却了”。这种有趣而尖锐的文字比比皆是。只是，我觉得除了这两个篇章，其他写李白、李煜、木兰等几篇没有这种大气与深锐，有几篇只是在自说自话，甚至在强词夺理。

杨义的《中国叙事学》(图文版)。本书有四分之一内容也是我在西北旅途中读的。读杨义先生的书要精神高度集中，尤其本书理论色彩强，术语不少，旅途匆匆，读得艰难。多年前读的是初版，这次读的是增订的新版。这是一本大书，读了有四五个白天黑夜。前段时间在给宁波市的一些骨干老师讲授“外国小说欣赏”，针对老师学生面对西方现代主义作品困惑很多，我提出由中国小说而进入西方现代小说，建立一种新的现代派小说阅读观念的观点，翻读了不少西方叙述学专著，但终究是舶来品。读杨义的著作主要是想看看我国叙事学体系有何新意。本书的“结构篇”与“时间篇”读得较艰难，“视角篇”与“意象篇”读得极有味，感触良多。杨义的学问之深之广当今学者很少有匹敌者，在多个学科领域均有建树，我以前读过他的《中国现代小说史》《中国古典小说史论》《楚辞诗学》《李杜诗学》等书，受益良多。《中国叙事学》的最大之价值在于奠定了中国化的叙事理论体系，问世十年来召唤和影响一大批中国学人走自己民族化的理论之路。在杨义此作之前没有完整的中国原创的叙事学理论体系。叙事学是西方重要的文学文化理论，最初是作为结构主义分支出现，后发展成为独立学科的。它关注文本内部，重科学性、系统性，主要探讨叙事作品内部的结构规律和各种要素之间的关联。

加缪的《西西弗斯的神话》《加缪中短篇小说选》。加缪的书远比萨特的书好读，虽然我喜欢的是法国同时代的哲学与文学大师。回想20世纪90年代初读萨特的《存在与虚无》是一种折磨，比读海德格尔的《存在与时间》还难懂，常常读得很沮丧，为自己的智商而苦恼，在这些文字面前总是懵懵懂懂糊里糊涂。我喜欢加缪，他具有很深的哲学思想，又有一种忧郁的文学气质，但更多的是关注生活的现实的哲思。有人说萨特是知识分子，而加缪是艺术家。我觉得很对。萨特关注的是宏大的时代，加缪注重的是现实年代，加缪的诺贝尔文学奖授奖词是："作为一个艺术家和道德家，通过一个存在主义者对世界荒诞性的透视，形象地体现了现代人的道德良知，戏剧性地表现了自由、正义和死亡等有关人类存在的最基本的问题。"《西西弗斯的神话》是加缪的成名作，出版时他只有29岁。这是一部哲学随笔，副题是"论荒谬"。全书各篇没有深奥的说教，也没有华丽的辞藻和强烈的色彩，但在平实的论述之中，我们感受到了作者清晰的哲学思想，在其近乎白描的叙述中，我们体会到了作者火热的激情。

在加缪的哲学思想中，荒谬是作为核心提出的。其荒谬实际上就是一种感受。萨特哲学观是"虚无"，对应的办法是逃避，而加缪的"荒谬哲学"对峙于人和世界，在于两者不协调的、不合理的对立关系中努力寻找。荒谬产生于"这种对人性的呼唤和世界不合理的沉默之间"的对抗。荒谬是"人与世界之间的唯一联系"。加缪思考的重点与他哲学的核心是：面对荒谬人们应该怎么办？所以他笔下的西西弗斯是个荒谬的英雄。他藐视神明，仇恨死亡，对生活充满激情，这必然承受种种折磨：在他身上只有一种力量，去搬动巨石，滚动它并把它推至山顶，在几秒钟内又向着山下面滚下，而他则必须把这巨石重新推向山顶。他于是又向山下走去。我每每读到这里都感叹不已，加缪也好，我们也好，其实都是西西弗斯，这是人的宿命，也是人的伟大。

艾云的《用身体思想》。最近在多家刊物读到一些年轻女性批评家的论文，如梁鸿、邵燕君、李美皆、申霞艳等，觉得女性的文章更具感性，解剖文学文本更深入；这种感觉是前几年读崔卫平、戴锦华、肖雪慧等年龄长一些的女性学者的书形成的。艾云虽不是专业的批评家，写得多是散文随笔，但其开阔的视野、独到的眼光，及其深邃与真诚实在令人惊讶，所以一边读《用身体思想》，一边把以前的书刊特别是 2006 年的广东的《花城》杂志都翻出来，重新再读。《用身体思想》是我几年前在广州学习时于广州南方书城买的，2003 年江苏人民出版社出版，记得以前在广州时粗粗翻读过，因那段时间刚好广西教育出版社急要我的作文教学的书稿的清样，没有时间，后来也就搁下了。这次想到再读，是因为读了 2009 年第 3 期的《钟山》杂志中艾云的长文新作《挣扎与阳光与苦难之中》，写萨特与波伏娃的故事及作者自己人生的感悟，觉得这是近年来我读到的思想类随笔中最好的篇章之一，读完想到艾云的《用身体思想》，这本书她虽谈的是女性的身体，但她切入的是人的灵魂深处、智力内部、身体内部，探寻和发现作为知识女性的深层的复杂性体验。有评论家把艾云的写作命名为“清晨的思想”，这是非常恰当的。

骆冬青的《心有天游——明清小说美学》。我在扉页上写着：2009 年 7 月 16 日购于西宁图书大厦。头天由内蒙古宁夏到了青海，到塔尔寺玩，16 日要去青海湖，我因为已经于前年暑假在去西藏时途径西宁时去过一次，这次一人便在西宁玩，中午没事在西宁图书大厦转了两个小时，买了四本书，在后几天的旅途中粗粗读了一点，回到家里细读。此书要义在“内篇美学精神”。以前我也读过几本小说美学的书，早年读过的吴公正的小说美学比较有新意，这几天刚刚在读的刘再复先生的新著《红楼梦哲学笔记》更让人耳目一新，其他一般也只是小说史及解读加上一点哲学、美学观点，新意不多，而骆著别有创意，本书从明清小说的“叙事”出发，以中国文化哲学精神为轴心，以道入心，直逼中国文化心灵的深层结构，“心外无事，心外无理，一切都在心中”的观点，将明清小说史看作是中国的心灵的历史。

余虹的《文学知识学》。余虹先生已于 2007 年 12 月 5 日中午 1 时左右因为抑郁症的不堪重负而选择了自尽。本书是其好友陶东风先生及余虹的弟子们编的纪念文集。陶东风在编后记中写道：“在这个喧嚣而庸俗的社会里，边缘地游离着一个尼采式的特立独行的灵魂。”这是对余虹人生很恰当的评价。我以前曾读过余虹的《革命·审美·解构——20 世纪中国文学理论的现代性与后现代性》《艺术与归家——尼采·海德格尔·福柯》等著作。全书最有代表性的是第一部分“文学知识学”，虽然是不完整的一些残稿，大多是其生前讲课稿片段。据王岳川等回忆，他曾设想在这本未完成的书里要谈中国知识的体系、构架，试图从两种知识碰撞当中揭示21世纪人类应该建立怎样的知识，但我们再也无法看到他思想中的精髓——他很重要的代表作了。但就现存的部分，才华闪烁，创意十足。其他内容依次是文学理论、伦理批评、艺术评论、散文随笔等，是其生前主要文字的辑录。阅读其文字，我同很多人的感觉一样，觉得他是一个把两种似乎难以共存的思维方式和表述方式完美统一在一起的怪才。

纪德说过，种子掉在地上不会腐烂。余虹、杨小凯虽肉身离去，但精神在场，他们在黑夜中探求，在阳光中奔波都已经留在历史的记忆里。七月的暑气已去，八月的赤日已斜，此时读书正好。

◎ **成功之道**

选择论著是一门精深学问

这是语文特级教师黄孟轲的暑假读书杂记，读来令人兴味盎然。如果你是黄老师的学生，相信在新的学期里，你一定又能领略到黄老师的书心文事了。

黄老师在短短的暑假里要读三四十本书，其数量可谓多矣。从所举书目猜测，大概以学术论著为多。学术著作以思想见长，常读这类书籍，其实也会上瘾。清人张潮有一段很绝妙的类比："花不可以无蝶，山不可以无泉，石不可以无苔，水不可以无藻，乔木不可以无藤萝，人不可以无癖。"每个人都有癖好，而且有的癖好可以传播。黄老师读书的癖好，可以和我们一起分享。

要读书，总要买书。有意思的是，黄老师暑假里买的书，常常购自旅途中。《站在经济学的高坡上——杨小凯纪念文集》是在旅游途中于西宁图书大厦购得的，骆冬青的《心有天游——明清小说美学》也购于西宁图书大厦，这两本书想必是一起买的。黄老师不仅在旅途中买书，而且在旅途中读书，颇有几分"读万卷书，行万里路"的古风。今后我们外出旅游时，可不可以逛一逛当地的书店，亲自体验那种网上购书不曾有的感觉呢？

看得出来，黄老师是读书的行家里手。你看，黄老师几年前在一本读书杂志上读到《杜十娘：泡沫爱情的杰出代表》一文，便要买下郭灿金的《古典下的秘写》这本书。这叫

"因文读书"。

你看，黄老师将萨特的《存在与虚无》与海德格尔的《存在与时间》比较着读，从《存在与虚无》观照《存在与时间》，又从《存在与时间》观照《存在与虚无》，相互观照，最终得出"萨特是知识分子，加缪是艺术家"的结论。这种读法，能读出感受、读出见解、读出新意，这叫"将书比书"。

你看，黄老师读了杨义的《中国叙事学》，便想到以前也曾读的《中国现代小说史》《中国古典小说史论》《楚辞诗学》《李杜诗学》等著作，由一本书推及一个人，进而走进这个人的学术殿堂，这叫"由书知人"。

书读得多了，自然就会相互联络，由此及彼，由近及远，纵横交错，经纬交织，最终形成一个网络，叫"知类通达"。

读书，是一个人的事，注定孤独。但是，孤独是一个人的狂欢。对于喜欢阅读和思考的人来说，读书主要还是一种心性趣味。因为读一些好书好文与那些智者善者交心接脉至少是一种幸福，至少可以让心得以一点充实与安妥，在喧嚣的欲念夹缝中让心沉淀，静心治学，平心处世。这大概就是我们研读学术论著的动力所在。

当我们读书的时候，时间一定会用最温柔的姿态停留在我们的脸上，人格的成长将变得迅速和强大，我们和周围的一切都将显得无比亲密，包括爱情。当你阅读了王一心的《他们仨——张爱玲苏青胡兰成》，你一定会有这种感受，尽管这种感受异于阅读小说。如果说阅读小说是在感性上体验现实，那么研读学术著作则在理性上观照世界。

豁蒙楼的读书风景①

曹勇军

一

明天我们夜读小组将到豁蒙楼读书。下午我给夜读小组的同学发了短信，提醒他

① 选自《语文，我和你的故事》（商务印书馆 2015 年版）。

们，也表达我自己的迫切心情："明天上午八点半在鸡鸣寺门口集中，带上《中国哲学简史》，去豁蒙楼品茗读书，在天人交契的神秘氛围中感受中国哲学的丰饶、博大与壮阔。我等着你们!"不一会儿，回信纷纷飞来，如一群自由的小鸟落在我的枝头，发出欢快的鸣叫。

我们曾到先锋书店读书，穿行在书海之中，了解阅读的门径和方法，让阅读充溢书卷的芳香；也曾到王安石故居半山园读书，让读书激起历史文化的回响和共鸣；但我们的读书还应该有更深厚的哲学和宗教的背景和底色，有更多生命的沉思和自我的追问，因此我早就下了决心要带孩子们来豁蒙楼读书。可来一趟豁蒙楼不容易，从春节推迟到"五一"，又从"五一"延宕到现在，阴差阳错，一波三折。长期的等待成了一个心结，被期待的热情喂养，越长越大。我没有放弃，一直在等待机会。明天是高考前一天，学校做高考考点，教师培训，学生放假，我们正好读书，也了却心中的夙愿。

豁蒙楼在鸡鸣寺内鸡笼山上，也就是现在的鸡鸣寺茶社。我之所以老是把豁蒙楼挂在嘴边，而不提鸡鸣寺茶社，一来是喜欢"豁蒙"这个说法，二来也是想让学生了解豁蒙楼的来历。事先向丁帆老师要来他写的《豁蒙楼里话豁蒙》一文，印发给大家，让大家多少了解一下豁蒙楼的前世今生，引发他们探访思考的兴趣。

进入山门，我和孩子们一行十四人，说说笑笑，沿石阶盘旋而上，穿过一层层佛堂寺庙楼阁殿堂，不一会儿就来到山顶。这里绿树繁茂，佛堂肃静，佛塔庄严，佛号慈悲，游人稀少，尘嚣渐远，仿佛进入一个清凉明净的境地。进入鸡鸣寺百味斋，我们在茶社朝东的一排镶着铜环拉手的花格明窗前坐下。推开窗户，凭窗临风，视野开阔，丛林飞鸟房屋尽收眼底。朝东北望去，眼前是苍然蜿蜒的台城，再往前是幽暗浩渺的玄武湖，最后是远处横亘的钟山……我曾看过几幅 20 世纪 20 年代的老照片，猜想也是从这个角度拍摄的，照片上那六朝山水的水墨意境，竟然与眼前的景象一般无二，让人一下子穿越历史，回到历史的现场……佛界与人间，菩提与俗谛，历史与现实，幻境与实景，瞬间切换又融为一体，让我们沉浸其中，忘怀纷扰。

我告诉孩子们这里就是豁蒙楼。甲午战争后某年，时任两江总督的张之洞，曾携得意门生杨锐游鸡鸣寺，就在豁蒙楼里置酒论道，纵论天下大事。席间，杨锐反复吟诵老杜《赠秘书监江夏李公邕》一诗最后四句："君臣尚论兵，将帅接燕蓟。朗吟六公篇，忧来豁蒙蔽。”听者无不动容。诗中咏叹往昔异族侵犯，中原板荡，深切的忧患终于豁然荡开心中的蒙蔽。百日维新失败后，“六君子”之一的杨锐被斩菜市口，后来张之洞重游鸡鸣寺，不禁悲从中来，于是倡议起楼，亲题“豁蒙楼”匾额，既是纪念学生，更是留意后人。什么叫“豁蒙”？“豁”就是豁开，使之敞亮，“豁蒙”就是把蒙蔽之物揭去，去蔽解惑，让人眼明心亮。这也是夜读课程即将结束的时候，我们来豁蒙楼读书的原因吧。

这次来豁蒙楼读书读的是冯友兰的《中国哲学简史》。这是学生自己选的，他们觉得在这样的环境中读这样的书最合适，也最有味道。征得茶社的同意，我们把四张小茶几拼起来，又给每人点了两个素菜包子、一份茶水和点心，师生聚坐一起，说说笑笑，兴味盎然，开始我们的中国哲学读书之旅。

二

我告诉大家，为了准备这次读书会，我把家中旧藏《中国哲学简史》翻了出来，重读了一遍。这本书是 1985 年北大版，书前有我 2007 年重读时写下的题记。我打开书，把题记展示给大家看，让学生当众读了一遍——

> 冯友兰氏尝撰写一联，概括其一生学术成就：三史释今古，六书纪贞元。“三史”指的是《中国哲学史》（两卷）、《中国哲学简史》和《中国哲学史新编》（七卷）；“六书”指的是“贞元六书”（乾卦有“元亨利贞”说法，分别象征春夏秋冬，“贞元之际”即“由冬到春”），书中提出了对历史文化、现状未来的思考，有着对民族未来的坚定信念。“六书”分别是：《新理学》（1938 年）、《新事论》（1939 年）、《新世训》（1940 年）、《新原人》（1942 年）、《新原道》（1944 年）、《新知言》（1946 年）。
>
> 本书是冯 1947 年到美国宾夕法尼亚大学讲学时用英文写成的。先后有两种译本：一是涂又光译本，1985 年北大出版社出版；二是赵复三译本，2005 年天津社科院出版社出版。本书在国外影响很大。李慎之先生说：如果中国人因为严复而知有西方学术，外国人也因为冯友兰而知有中国哲学。本书并非《中国哲学史》的缩写本，而是在写作“贞元六书”有了自己的严密体系之后自出手眼的结撰，有一种中西会通的通识眼光和通人气象。全书见识精粹，论述合一，逻辑清晰，通俗易懂，语言雅驯，是治文史哲必读的公共入门书。
>
> 阅读《简史》是一次中国哲学思想的探险之旅。书中那些伟大的思想、深刻的见解、

深入浅出的剖析阐发，精彩纷呈。儒佛道如三座主峰，周围群山绵延不绝，我们穿行在崇山峻岭之中，被沿途的风光所陶醉。

说起来是《简史》，但对高中生来说一点都不“简”，况且我们读书研讨的时间有限，只能开快车匆匆走一遭，略有所知，略有所疑，略有所获，开个头，示个范，为今后阅读打下基础。原书二十八章，我们选择研读第四章孔子、第七章孟子、第九章老子、第十章庄子、第二十一章中国佛学、第二十二章禅宗，重点集中在儒道释的有关内容上，最后再梳理一下中国哲学的精神，让学生对传统哲学思想和智慧有个大略的了解。读书的基本程序和办法是先指定学生逐章概括，然后提出问题，最后师生试着讨论回答。余下章节，留给学生自己阅读。

夏蕴萱同学概括第四章“孔子：第一位老师”后，不是很自信，问我说：“书中有不少地方读不懂，怎么办？”

我笑着说：“这本书又不是为高二学生写的，读不懂很正常——这类哲学书涉及我们陌生的话语系统，理解上会有不小的困难——我当年下放的时候，正赶上‘批林批孔’，当时杨国荣的《简明中国哲学史》很流行，我发誓要读此书，书读完了，可就是不懂！即使是现在，冯友兰这本书我读过多遍，有的地方仍然不懂。读不懂的书读它有用吗？有！我想起胡耀邦曾说过的话，他说他读爱因斯坦，也读不大懂，可就是读懂的那一小部分，已经让人受益无穷！”

读不懂怎么办？第一，要有耐心，反复地读，咬牙坚持，不轻言放弃。第二，可以放一放，先跳过去。要学会把不懂的地方包裹起来，隔离开来，不让它影响整本书的阅读。第三，还要学会“观其大略”。早年诸葛亮与徐庶等三人一起读书，“三人务于精熟，亮独观其大略”，这里的“大略”不是浮光掠影走马观花，而是抓住关键的地方，抓大思路大结构大问题。看到有的同学仍然不理解，我便以孔子一章为例说明。孔子一章讲了很多内容，但反复阅读你会发现孔子的“知命”说法给我们启发。冯解释“知命”说：“我们能够做的莫过于一心一意地尽力去做我们知道是我们应该做的事，而不计成败。这样做，就叫‘知命’”，“这样做的结果，我们将永不患得患失，因而永远快乐”。这也就是我们平常所说的“尽人事以待天命”，看似消极，其实是儒家积极进取有所担当的精神的表现。初次阅读，能抓住这个就算有所得了。

葛吕不时插话，有些急不可待，我就让他概括第九章“道家的第二阶段：老子”，可他事先没有准备，匆忙应付，对原作章节概括时有遗漏和曲解。我停下来，告诫学生读书要做到一个“敬”字。我引用冯友兰《新世训》中的论述，告诉学生“敬”就是外不欺人内不欺己，把一件事当一件事去做，全神贯注，专心致志，认真把事做好。读书，“敬”的态度和精神不可少。

刘昊同学补充了葛吕的概括，概括了第十章“道家第三阶段：庄子”，提出讨论的问题：老子与庄子到底有什么区别？葛吕还是抢先发言：“老子认为社会动乱的原因不是知识不够，而是知识太多，反而迷了人心。庄子对于政治方面的观点和老子是一样的。他们的不同之处在于，庄子对于个体存在的观点不同，就是说怎么样进行修炼，来达到至人，与道合一。如果说老子更多的是面对社会问题，那么庄子就比较倾向于个人。”

刘昊不急不慢，侃侃而谈：“刚刚葛吕也提到了，老子在社会治理方面有一个很独特的地方，就是他希望百姓都是“愚”的，他反对知识，认为知识过多则导致想法过多，最后导致社会的动乱。他的想法是百姓应该无知，作为君主应当无为，这样就能保证社会的安定运行。庄子比较倾向于个体修养，比如我们学过的《逍遥游》，他认为我们要体验到道，最后人道合一，站在至高的、无限的意义上来审视人间。另外他是抹杀事物的分别的，比如两个人辩论，不需要去区分谁对谁错，这个世界也是这样的，不需要区别。老庄偏向于比较消极的人生态度，但是这种态度可以和儒家的积极进取形成互补。”

我根据自己的理解，试着给同学作出阐发。道家与儒家的许多观点是对立的。儒家是“知其不可为而为之”，有责任感，有担当意识。道家呢？可以说是“知其不可为而不为”，然而又“无为无不为”：看似什么都没做，但是什么都做了。这里“不为”实际上是指不乱为、不妄为，要有智慧。比如树下落叶，我不去打扫，看起来是“不为”，实际上是“无不为”，树叶落入泥土，转化为养分，顺应自然，树木生长得很好，这就“无不为”了。老子和孔子都提到“水”。孔子说“逝者如斯夫，不舍昼夜”，强调的是时不我待、奋发进取的精神，体现了儒家的入世精神。老子说“上善若水，水善利万物而不争”，体现了道家的出世精神。这个感性的细节折射出儒道两家人生哲学的差异和不同。似乎可以这样区分儒道两家：儒家入世，道家出世；儒家讲究仁义道德，道家讲求修身养性；儒家讲先天下之忧而忧，道家讲采菊东篱下悠然见南山；儒家是天下兴亡匹夫有责，道家是政治渺小艺术永恒……然而儒道两家又是互补的，冯友兰在书中说："因为儒家'游方之内'，显得比道家入世一些；因为道家'游方之外'，显得比儒家出世一些。这两种趋势彼此对立，但是也互相补充。两者演习着一种力的平衡。这使得中国人对于入世和出世具有很好的平衡感。"李泽厚进一步指出："表面上看，儒道是离异而对立的，一个入世，一个出世；一个乐观进取，一个消极退避；但实际上它们刚好相互补充而协调。不但'兼济天下'与'独善其身'经常是后世士大夫的互补人生路途，而且悲歌慷慨与愤世嫉俗，'身在江湖'而'心存魏阙'，也成为中国历代知识分子的常规心理以及艺术意念。"①所以我们一般人很灵活，往往得意时用儒家，失意时用道家。

茶越喝越淡，探讨越来越深入。刘越重点概括了第二十二章"禅宗：静默的哲学"。看得出来，他读得有质量，准备很充分，发言有概括也有阐发："禅宗是佛教东传，结合本土的道教观念，创造出来的真正意义上的中国宗教。禅宗后来传到日本，在日本继续发展。禅是梵文的音译，意思是沉思、静定。禅宗的主要代表人物是神秀和慧能，他们有两个有名的偈子，上次写作文有位同学就把这个偈子写进去了——菩提本无树，明镜亦非台。本来无一物，何处惹尘埃。慧能的偈子讲究的就是当下的顿悟。就像西方马丁·路德的宗教改革，他的贡献在于把上帝搬到人的心里面来了，原来的布教修行是牧师在教堂里宣讲，现在是上帝在你的心里，你对它有解释权了。同理，佛并不仅仅就指的是释迦牟尼这个偶像，指外在的戒律、仪式，你只要心向着佛，你能够在静定之中感受到佛的存在，那么你就是佛。这样多方便啊，知识分子只要在家里，不用出家都可以修行，可以享受到精神生活。懂一点禅宗，有助于我们去解读很多诗歌，诗歌中有很多顿悟的因素。比如这次月考中考到的诗歌：'着意寻春未见春，芒鞋踏破岭头云。归来笑拈梅花嗅，春在枝头已十分。'阅读的时候，把它和你学过的禅宗思想联系起来，这样就能把作品读通、读活，理解得深一点、透一点。"

大家都点头称赞，很佩服。这样，中国哲学上几个重要的思想就出来了，第一是儒，第二是道，第三是释。儒释道共同塑造了后世中国人的集体人格，塑造了我们的自我，而

① 李泽厚《美的历程》，三联书店2009年版，第51页。

自我知识是我们一切知识的根。抓住儒释道这三家,再来看中国哲学史,就能大体把握了。这中间最主要的是儒道两家。刘再复说中国文化就像人的躯体,有动脉,有静脉,儒家经典就是人的动脉,而道家经典就是人的静脉。南怀瑾说儒释道是三个店:儒家是粮店,管你一日三餐,须臾不可离;道家是药店,不生病可以不去,一旦生病,非进药店抓药不可;佛家是百货店,什么都有,有时间可以去逛逛。而李泽厚提出儒道互补。其实,禅宗是佛教的道家化,或者说是道家的佛理化,推而广之,我们也可以说是儒释道互补:儒家让你拿得起,道家让你想得开,佛家让你放得下。

冯先生论述中国哲学的精神时指出,中国哲学喜欢用富有暗示的名言隽语、比喻论证等形式,也因此特别富有文学意味。中国哲学这棵大树上不仅有智慧的果实,也缀满了鲜艳的花朵和婆娑的绿叶。我们寻幽探胜,一路走来,随手采摘带着露水的花草。我让学生说一句自己阅读中印象最深刻的语句。李茜雯欣赏的是一则禅宗公案:"参禅之初,看山是山,看水是水;禅有悟时,看山不是山,看水不是水;禅中彻悟,看山仍然是山,看水仍然是水。"霍晨则欣赏程颢的诗句:"万物静观皆自得,四时佳兴与人同。"陈世琰欣赏的是王阳明语录中的一则:"尔来看此花时,则此花颜色,一时明亮起来。"丁志伟找出他在书上勾画的一段话是王国维的,表达他学术和精神追求的勇决和挣扎,引起了大家的兴趣和共鸣:"哲学上之说,大都可爱者不可信,可信者不可爱。余知真理,而余尤爱谬误伟大之形而上学、高严之伦理学与纯粹之美学,此吾人所酷嗜也。"

我也喜欢这一段话,补充说:"本书有一个重要观点,在冯友兰的其他作品中也提到,就是中国哲学并不是给人一种积极的知识,它给你增加的是一种境界,让你达到更高的境界,超越现实,获得高于现实的价值。我们读这本书学习中国哲学应有这样的观念。"我回忆起赵越胜《燃灯者》中周辅成先生的话:"不是要思考哲学,而是要哲学地思考。"因此要反思,思考"我从哪里来""我到哪里去"这样的终极问题。这对人的境界提升有帮助。

三

天有些热,窗外传来一阵阵蝉鸣。

大家起来休息一会儿,入座后,又讨论了中国哲学的精神,重点探讨中国哲学的即凡入圣、注重体验的特点。我让大家打开手上的《中国哲学简史》，扉页上有冯友兰晚年手书的一副自励联："阐旧邦以辅新命，极高明而道中庸。"我问这副对联的意思，大家面面相觑，无人回答。我告诉大家这副对联是用古人现成的句子写成的。上联的意思是阐发传统文化为国家民族服务，下联语出《中庸》，意思是在日用常行之中一步一步地走到极高的道德境界上去，理想人格的培养必须落小落细落实，让平凡的生活具有不平凡的超越性。中国哲学是一种生活方式，不强调知识，而强调体验。所以，学习中国哲学你就要养成一种人格，不但要"知道它"，而且要"体验它"，最终目击道存，成为君子。中国哲学是体悟之学，是践履之学，必须是一种体验式的学习，就像今天我们来到鸡鸣寺，我们也学着点三支祈愿香，像香客一样许一个愿，这就是直觉的体验式的。

我让学生读《中国哲学简史》最后一章中有"人生的境界"一节。冯友兰认为人生有四个境界：第一是自然境界，它是混沌未开的；第二是功利境界，只是为了自己得到好处，为利而活；第三是道德境界，是为人为公，造福社会；第四是天地境界，与天地万物合一。怎么样能达到第四个境界呢？要靠觉解。觉解的程度越高，境界就越高。这个说法影响很大。西南联大时期，冯友兰路遇金岳霖，金开玩笑说："芝生，到什么境界了？"冯答："到了天地境界。"遂大笑而去。但不少人对冯的一生颇有微词，认为其人犹在功利境界。讽刺之处在于，中国哲学重在体验、体悟，强调最后能成君子甚至圣人。拿这个标准来衡量，结果发现他的一生很潦草也很尴尬。不过，我们也不应轻浮苛责，应抱"理解之同情"的态度。我们读过的《故国人民有所思》有一章"冯友兰：哲学斗争的个人挣扎史"，读后可以体会到冯在当时现实环境的夹缝中，或躲避或迎合以求自保的不堪和悲怆，让人同情……

四

游人越来越多，不少人好奇地走过来看着我们师生。茶社负责人几次走过来催促我们。我一看手表，不知不觉已经两个多小时过去了。于是我们起身，仿佛从一场梦幻中惊醒，依依不舍地离开豁蒙楼，结束了这次中国哲学读书之旅。

我想，这次读书之旅，沿途中国哲学和传统文化的美丽风景将永留在学生的心中，和他们身体一起长高长大。

◎ **成功之道**

研读论著是一道独特风景

曹勇军老师带领学生到豁蒙楼读《中国哲学简史》，我们仿佛看到了古代书院教育的历史叠影。

一是读前积极营造气氛，在"史"上做足文章，并发古之幽情，引发学生对人文历史的浓厚兴趣。比如，找来丁帆先生的《豁蒙楼里话豁蒙》一文，印发给大家，让学生了解豁蒙楼的前世今生，引发他们探访思考的兴趣；讲述"豁蒙"的含义，引出戊戌"六君子"之一的杨锐被斩后，张之洞重游鸡鸣寺，亲题"豁蒙楼"匾额的故事，"豁蒙"就是把蒙蔽之物揭去，去蔽解惑，让人眼明心亮。"豁蒙"难道不是学术论著研读的应有之义？

二是对学术论著研读有较为合理的定位："我们读书研讨的时间有限，只能开快车匆匆走一遭，略有所知，略有所疑，略有所获，开个头，示个范，为今后阅读打下基础。"如果将上述定位概括起来，就是"三略""两个"。为此，阅读主体发挥的示范作用特别重要，其中，引导学生写题记、读题记也不失为一种很好的读书法。题记主要概述作者学术成就、论著主要内容及其学术影响，而充满人文性的题记就是对阅读主体的生命体悟。

三是重视读书方法的指导和读书态度的养成。譬如，当学生问"读不懂怎么办"时，教师马上指出三种办法：第一，要有耐心，反复地读，咬牙坚持，不轻言放弃。第二，可以放一放，先跳过去。要学会把不懂的地方包裹起来，隔离开来，不让它干扰影响整本书的阅读。第三，还要学会"观其大略"，这里的"大略"不是浮光掠影走马观花，而是抓住关键的地方，抓大思路大结构大问题。另外，教师告诫学生读书要做到一个"敬"字，而"敬"字又出自冯友兰先生的《新世训》，告诉学生"敬"就是外不欺人内不自欺，把一件事当一件事去做，全神贯注，专心致志，认真把事做好。读书，"敬"的态度和精神不可少。

四是在方式上，学术论著提倡"切磋琢磨"的研读。首先，切磋什么，琢磨什么，是一个问题，阅读先行者要心中有数，对论著内容进行梳理和探究。其次，谁切磋，谁琢磨，是一个问题，学生当然是切磋琢磨的主体。再次，谁引导切磋，谁引导琢磨，也是一个问题，教师往往是引导者。最后，谁来终结切磋琢磨，还是一个问题，教师或高水平的学生是切磋琢磨的终结者。譬如，曹老师在研读的最后，以赵越胜《燃灯者》中周辅成先生的话作结，真是掷地有声："不是要思考哲学，而是要哲学地思考。"因此学术论著研读，不仅仅就是讨论几个问题，更重要的是提升人的境界。

五是在内容上，学术论著讲究"同中有异"的研读。譬如刘昊同学提出讨论的问题：儒家与道家到底有什么区别？葛吕抢先发言：老子认为社会乱的原因不是知识不够，而是这些知识太多了，反而迷了人心。庄子对于政治方面的观点和老子是一样的，他们的不同之处在于，庄子对于个体存在的观点不同。就是说怎么样进行修炼，来达到至人，与道合一。如果说老子更多是面对社会问题，那么庄子就比较倾向于个人。由道家再到儒家，由儒家再到释家，对中国传统思想逐渐清晰起来。既找出有规律性的东西，又找出有差异性的东西，才是研读的真谛。

高三社科论文写作12年①

王栋生

1994年秋季，学校决定选用人民教育出版社的实验教材(周正逵主编)，高一为《文言读本》，高二为《文学读本》，高三为《文化读本》，教材按"能级"编排。那一时期，师大附中教学正常，教师整体素质较高，应试意识不强，学生学得比较轻松，我们有能力也有条件做这样的教学试验；同时，尽自己的义务，为教育改革去探路，提供经验教训，我们认为，这是"名校"应当做的事。

那时，我们越来越感觉到，学生的写作，无论在思想层面还是表达能力，都要上一个台阶。钱理群教授说过，青年要"想大问题，做小事情"，这个"想大问题"想什么，怎么想，如何把"想"的过程表达出来？几年后与钱老师交流时，我也说到这个意思。从教学层面分析，"想大问题"绝非空想，而需要一个具体的表达形式，体现学生的语文素养。其他国家母语教学是如何做的，我在几年后才陆续看到一些资料；但在中国，早就有人提出了

① 选自《王栋生作文教学笔记》(江苏教育出版社2012年版)。

"扫一屋"与"扫天下"的关系。观察古人的读书写作，十多岁的少年思考经世济民的"大问题"，那样的例子比比皆是。而我们的学生虽然从小就敢谈政治理想，却不了解国计民生，高中生的写作甚至常常纠结在一次"三好生"的落选，一场球赛的胜负，同学间的一场误会，争论究竟"失败是成功之母"还是"失败是失败之母"……

有没有可能让我们的学生作一些高层次的作文尝试呢？

只要教师有胆识，给学生搭起台子，他们就敢在上面翻跟头；台子越大，他"想"的天地也就越广阔，识见与胆量就越大，"艺"也就越高。学生的所谓"创造力"，绝对和教师的修养有关。

因为有这方面的思考，也就能抓住试验的机会。1997 年初，初三备课组设计活动课程，我们想到可以尝试让学生写社会科学小论文。当时的设想是：经过高中两年半的写作学习，学生有一定的写作基础，大部分学生初步具备了关注社会、关注自然和关注自我的意识，他们也需要有一次展示个人思考的机会。如果我们漠视这种愿望，也就失去了一次发展创造才智的教育契机。至于他们有没有真正意义上的"论文"能力，我们认为并不重要，重要的让他们敢于实践。

当时在高三年级任教的还有徐志伟、徐昭武和李书澄三位老师，假期前的小结活动，我提出设想，大家都很振奋，一拍即合。备课组委托我隔天给全体学生作一次辅导报告，因为就要放寒假了。这次重要的写作活动没向学校汇报，当时我们有这样的经验：一是在社会应试教学氛围下，高三假期不补课已经是"对着干"，动静过大，学校在方方面面的压力下，会犹豫不决；二是语文组有这样的组织能力，在学校得到广泛的尊重与信任。事不宜迟，夜长梦多，两天后，我们在全年级组织了一次"社科论文写作"辅导报告，提供了政治、经济、历史、文学不同类别的 14 个参考选题(可以考虑自己的兴趣，根据这些参考题类别，自行命题)；如何对材料作取舍，如何立论和论证阐述，如何把握分寸，作了大略的指导。坐在台下的不是做学问的硕士博士，只是中学生，他们准备做一次小小的尝试；在他们 12 年的母语学习即将结束时，准备写一篇"关于一个比较大的问题的""长一些的"文章，仅此而已。

寒假过去了，开学第二个星期，学生交来了初稿，全年级 300 多名学生，每人一篇，字数都在 2500 字以上，最长的学生写了 7000 多字。我们看了很兴奋。这些文章选题丰富，很多文章表达了个人独到的见解，超出了我们的预想；我们以此了解了学生所关注的、感兴趣的问题。比如，有个学生收集资料，访问业内人士，写了铁路“春运”的困难所在，有理有据，她的观点和分析是当时媒体也不愿公开的。十多年后的今天，每逢“春运”高峰，我仍然会想起她当年那消极的预言。当时用的是“小组交流、推荐，全班汇报”的方法，每班评出最佳三五篇，交由年级任课教师评选，最后借《树人》出论文专辑，年级所有学生的论文选题收入目录，供下一届学生参考。

两个月后，教育部搞“首批国家级示范高中评审”。那几年，学校真老实，不像有些学校那样胡吹，评审组到达的前一天，学校问“语文组有没有什么东西可以让我们放进袋子的”（因为“袋子”比较“瘪”）。我们说有“高三社会科学论文写作”这回事，校方大喜，立刻让我们选了四篇（我还记得有《读三国演义杂记》《捍卫汉语》等），把打字员找来打印，放入每个评委的“材料袋”。后来有人转告，当评审委员们看到高三学生写的“论文”，很惊讶，看完了，半晌不作声，继而终于赞叹：“这就是素质啊！”——学校在大会上表扬了语文组的创新。我们最高兴的，是不仅得到了各科老师的支持，得到家长的理解，更在于很多学生对问题产生了进一步研究的兴趣。

学生完成了写作计划，高考复习开始了。如果学生敢碰那样的大题目，能写 2 500 字以上的文章，高考作文那“不少于 800 字”算得了什么呢？当时高考阅卷时，复查组的一些大学教授看到师大附中的《高三社科论文专辑》，很感慨，如果不是低水平的高考干扰，语文教育本可以做成多少事啊！

这项教学活动在师大附中延续了 12 年，虽然在应试压力下，各项指标有所下降，但是当年的尝试，是有益的探索，体现了名校的示范作用。那个时期，学校管理工作也不像后来有诸多复杂因素，人与人的关系相对比较简单，教研组做的许多事没有功利意识，这项教学任务用去教师很多时间，没有任何一名教师提出过要算工作量，老师们感兴趣的只是能从教学中获得愉快。

从写作实践考查，我们达到了什么目的呢？

首先，学生结合《文化读本》课程学习，对“文化”“文明”观念有了直接的认识，开拓了视野，有了关注“大问题”的体验；他们尝试研究具体问题，在活动中开始了人文思考，有了初步的公民意识。

其次是开始关注探究问题的方法，学生在缺乏足够的专业背景和专业知识的情况下，学习科学判断，学习自主收集材料，学习判断和选择，同时，在与他人的交流中提高了语文表达能力。我们也通过这样的写作活动，有效地考查了学生的语文综合素养，对学生的探究能力、审美能力等有了大致的了解。

我们对这次论文写作实践作了比较客观的判断，因为仅仅是一次试验，无所谓“成功”与否。大略计之：约有30%的学生通过论文写作显示了较强的综合素养，有相当一部分能写得“像模像样”。这些学生读书多，接触社会的能力和判断能力较强，有个性，有自己关注并长期感兴趣的问题，他们的文章有自己的发现和见解。约有40%的学生通过这次实践不同程度地提高了写作能力。这部分学生有能力完成各科学习任务，读书虽然不多，平时不太注意周围的事物；但在教师的启发下，能发现问题，他们的文章见解探讨不够深入，但能知道论文的大致要求。约有30%的学生虽然完成写作任务，但不合要求：有的缺少有价值的论题（甚至从晚报上借新闻题）；有的是一般的资料罗列，没有见解；有的干脆大段抄写，一些语句连自己也未必知道是什么意思。其中有些学生语文学习比较被动，平时连千字议论文也不会写，不具备这方面的基本能力。

多年后反思，当时是可以考虑分层次试验的，至少在进行到第三年时，可以作些改进，采取“论文”和“研究性阅读报告”的办法（甚至可以再分出第三层次），让学生根据自己的能力自主选择。可是当时担心挫伤学生的学习自信，也缺乏足够的依据对学生作能力分级，毕竟智慧不够，顾虑多，没有迈出这一步，以至于让一些学生增加了学习压力，或对自己作出了错误判断。这个教训是值得记取的。

2002年，教育部《普通高中语文课程标准》研制组专家特地来了解我校社科论文写作情况，这时，我们的论文写作实践已经进入第六个年头了。

2004年以后，南京的教育形势因所谓“高考之痛风波”发生变化，应试派强势加压，素质教学遭受不间隙的质疑、打击，直至拆台，一些富有创造性的教学试验也就孤掌难鸣了。学校《树人》文学社指导教师周春梅长期负责编《高二社科论文专辑》，她发现，虽然每年不乏高质量的文章，但整体素质并没有提高。也难怪，应试教学大兴，教师站得不高，学生自然也就“矮”下去了。2009年，我意外得知，“高三社科论文写作”被停了。谁决定的？没有人回答我。

1998年和1999年，南京和上海分别有名校搞过“高三社科论文写作”，宣传力度很大，弄得“中央级媒体”也报道了。有老师说：“王老师，你送出去的《专辑》，在你朋友的学校‘结果’啦！”我看了那些宣传，对同事说，他们愿意学，也是好的，只是我担心他们放个烟花就算了。不幸言中。在功利的社会，在功利的时代，没什么可奇怪的。我们这里，也曾有校长大惊小怪，听到我称赞学生有关文化建设的论文，热情地说“我来把它寄到国务院去”，——我拒绝了，不要把学生的文章当作自己的“政绩”，用来吹牛抬轿子。再说，“寄到国务院去”做什么呢？国务院不负责改中学生作文。

社科论文写作活动虽然中止了，我并不沮丧，我仍相信，它只是“中止”而不是“终止”。

毕竟，师大附中的老师们把一项其他学校不敢想、不敢做或者“不屑做”的事做了12年，了不起。

◎ **成功之道**

撰写论文是一种别样体验

著名特级教师王栋生主要是从教师“教”的角度思考南京师大附中社科论文写作的实践，如果换一种角度，从学生“学”的角度观察社科论文写作，同样可以带给我们很多启示。

首先，社科论文写作是“想大问题，做小事情”的重要途径。我们经历了十几年的基础教育，已经有了一定的写作积累和人生阅历，有了关注社会、关注自然、关注自我的意识，也就是说基本具备了进行高层次写作实践的条件。与平时写作不同的是，社科论文写作要具备一种“格局”，即便没有胸怀祖国、放眼世界的襟怀，至少也要有立足学校、放眼社会的眼光。有了这种眼光，才能在更高层次更广层面打量这个世界。

其次，社科论文写作是“用广角镜，照小侧面”的重要手段。社会科学包括政治、经济、文化、军事、历史、文学、教育、建筑等不同类别，范围广，视野宽。如何选题，如何准备参考资料，如何对材料进行取舍，如何立论和论证阐述，如何把握分寸，都需要作者具有较强的写作能力。社科论文虽然是“关于一个比较大的问题的”“长一些的文章”，但是与写短文章的道理是一样的，那就是用广角镜头，观照社会科学范畴中的一个小侧面，做到“大视野，小切口”。因此，在参考选题的基础上，确定所写的内容就显得十分重要，如《捍卫汉语》。

再次，社科论文写作是“看大数据，得小结论”的重要方式。尽管以前没有“大数据”一说，但是也要参考大量的数据。而社科论文写作往往是关于宏观社会层面的研究性写作，也是基于事实和数据的实证分析，分析问题和得出结论都要有条有理、有根有据。王老师特别写道：“有个学生收集资料，访问业内人士，写了铁路‘春运’的困难所在，有理有据，她的观点和分析是当时媒体也不愿公开的。十多年后的今天，每逢‘春运’高峰，我仍然会想起她当年那消极的预言。”我们无从得知这一预言的具体内容，但是我们相信这一预言就是这位学生从事实和数据中得出的结论。

特别值得一提的是，社科论文写作，需要打通语文与其他学科的通道。这就需要我们付出长期不懈的努力。马尔科姆·格拉德韦尔的“一万小时定律”可以给我们启示。所谓“一万小时定律”，就是说天才之所以卓越非凡，并非天资超人一等，而是付出了持续不断的努力；只要经过1万小时的锤炼，任何人都能从平凡变成超凡；要成为某个领域的专家，需要10 000小时。按比例计算就是：如果每天工作八个小时，一周工作五天，那么成为一个领域的专家至少需要五年。“一万小时定律”应用于所有领域、所有学科。只要孜孜不倦地沉醉其中，就能走进学术研究的洞天福地。

总之，想成为一位卓有建树的学者，应当从学生时代开始，尤其是中学阶段。

助学指津

中学生如何研读学术论著①

林忠港

学术论著专题研讨任务群包括学术论著研讨及学术性小论文写作，旨在拓展学生视

① 选自《如何引导中学生研读学术论著》，《语文教学通讯（A）》，2017年第11期。

野和思维空间，培养逻辑思维能力。尝试写作学术论文，就是要学会严谨地表达自己的看法和观点。一言以蔽之，学术论著专题研讨旨在培养学生的学术素养。

一、什么是学术论著

所谓学术，是指有系统的较专门的学问。当代人类学家张荣寰将学术的概念界定为对存在物及其规律的学科化论证；这个词对应的英文是 Academia，更常见的意义是指进行高等教育和研究的科学与文化群体，在作这个意义用时对应于中文的学术界或学府。

论著，指带有研究性的著作；学术论著，指研究学术问题的著作。打个比方，学术像武术，论著像秘籍，学术论著就像武林秘籍。

按照学科来分，目前学术论著一般可分为自然科学、社会科学和人文科学三大类。人文科学是研究人类的信仰、情感、道德和美感等各门科学的总称。有些学者也把人文科学归于社会科学。人文科学包括哲学、文学、史学、语言学、考古学、艺术；社会科学包括政治学、经济学、军事学、法学、教育学、社会学、民族学、民俗学、宗教学、人类学、文艺学、史学、语言学；有些学科如人类学、心理学、考古学是社会科学和自然科学的交叉。政治学、经济学、社会学、法律学、军事学等学科是典型的狭义上的社会科学。而有些学科，如历史学，则是狭义的社会科学和人文科学的交叉，但通常理解为人文科学。

二、学术论著有哪些特征

学术论著总的特征就是学术性。具体地说，主要有三个特征：

一是研究性。学术论著不是感性而发，而是长期研究所得。研究是主动寻求根本性原因与更高可靠性依据而做的工作。研究是主动和系统方式的过程，是为了发现、解释或校正事实、事件、行为、理论，或把这样事实、法则或理论作出实际应用。研究是应用科学的方法探求问题答案的一种过程，因为有计划和有系统的收集、分析与解释资料的方法，正是科学所强调的方法。

二是理论性。理论源于实践，又高于实践。理论是人们关于事物知识的理解和论述，也指辩论是非、争论和讲道理。理论是一个组织起来的概念体系，可以用来解释一种或一系列现象。这种概念体系不是杂乱无章的，而是充满逻辑的。学术论著的理论性体现在发现新现象、新事物，或提出新理论、新观点的过程中，旨在揭示事物的内在规律。

三是创造性。陈乐民的《欧洲文明的进程》中有一段话："西方的'思想底格'是理性主义，中国的'思想底格'，我想可以通俗地用'天地良心'四个字来概括。'天地'是'天道'，'良心'是'人情'。'天地'里有自然哲学的成分，但很少，语焉不详……'良心'指的是处理人与人关系的道德标准，这在传统文化里是大量的，也是中国传统文化的重点。"①真正的学术论著总是给人一种超越的眼光，给人一种大视野、大智慧，特别能启发人、发展人。

三、中学生为什么要读学术著作

学术论著具有多方面的功能、作用，有利于培养中学生的理性精神与学术素养。

首先，学术论著代表人类最高的理性精神，它对人的思维发展、思想成熟起着十分重要的作用。一个人能否读这类论著，往往是一个人水平高低的标志。一个人的学习往往遵循童谣作品（儿歌、童话、寓言、故事）、文学作品（诗歌、散文、小说、戏剧）、哲学作品（学术论著）的先后顺序来学习。随着时间的递推，学生的心智程度越来越高，其对应的文本类型的理智程度也越来越高。换句话说，能不能读学术论著，往往反映了读者的理智程度。

其次，学术论著浓缩了一个民族的道统与文脉，它对人的精神发育、思想成长起着无可替代的作用。易中天先生认为，文明包含三要素：哲学、宗教、艺术。哲学是人类思想的荟萃，宗教是人类心灵的寄托，艺术是人类对万物之美的诠释。哲学、宗教、艺术萌芽之前，没有文明史，只有莽荒史、原始部落史。文明的三要素主要是通过学术论著加以呈现的。大而言之，学术论著是观察一个民族文化优劣的重要尺度；小而言之，学术论著是衡量一所大学教育质量高下的重要指标。学术研究是大学教育的压舱石，更是民族文化的晴雨表。张载的"为天地立心，为生民立命，为往圣继绝学，为万世开太平"表达了古代

① 曹勇军《曹勇军和他的语文理想国》，江苏凤凰教育出版社2015年版，第113页。

士大夫的胸襟气度，其中“为往圣继绝学”可以也应当成为学术论著专题研讨的崇高使命。

再次，学术论著是学者研究成果的结晶，是学者思想才华的承载，中学生要学会慧观妙悟。对学生而言，长期在学术论著中旁搜杂览，含英咀华，可以使自己的心与眼濡染学术探索和哲理思辨的气息，提高自己的思维品质和文化眼光，使学术素养整体得以提升。没有历史的广度无以鉴现世，没有哲学的高度难以瞻未来，多一个领域的涉猎，也就多打开了一扇窗户。

最后，学术论著讲究学术规范，饱含学术情怀，正是中学生亟须学习和培育的。有人说当下中国，基础教育缺人性，高等教育缺学术，这话虽然有些极端，却不无道理。君不见，有多少人抄袭他人的学术论文，又有多少人引用别人的学术论文而不加注释。此番顶层设计者将“学术论著专题研讨”单列为一个任务群，有强调学术素养的考量。课标说“不作假，不抄袭，不强词夺理。尊重他人研究成果，引用资料注明出处，文末应注明参考书目”①，正是当前这个浮躁的社会所缺乏的。高中阶段研读学术论著，也是提前为自己的学术规范打下基础。

四、中学生研读学术论著，会碰到哪些困难

也许中学生以前很少读学术论著，对学术论著比较陌生，这并不奇怪。因为学术论著属于形而上的东西，并不是所有年龄段的学生都要读的。一些中学生对学术论著有畏难情绪，这同样不奇怪。毕竟学术论著比较抽象，不像童谣作品和文学作品那样生动活泼。那么，中学生如何减少陌生心理、化解畏难情绪呢？

一是区别学术论著和文学作品。学术论著指学者根据在某一学科领域内科学研究的成果撰写成的理论著作，该著作应对学科的发展或建设具有重大贡献和推动作用。学术论著不像文学作品那样生动、具体、鲜活，而是比较抽象、理性、概括。文学作品往往通过形象的语言、夸张的手法、具体的场景来表达，而学术论著则经由平实的语言、严谨的逻辑、抽象的观点来陈述。

---

①《普通高中语文课程标准(2017年版)》。

二是区别不同学术论著的类型。即便是哲学类学术论著，西方哲学论著与中国哲学论著也是不同的。冯友兰先生在《中国哲学家表达思想的方式》中说得好："在有些哲学家如孟子、荀子的著作里，的确也有长篇大论的文章。但是和西方哲学家的著作相比，它们仍显得篇幅短小，未曾把道理讲透。这是因为中国哲学家惯于用格言、警句、比喻、事例等形式表述思想。格言总是简短的，而比喻和事例则总是自成段落，与前后文字不相衔接的。用格言、比喻和事例来说理，难免有不够透彻的地方，只能靠其中的暗示补足。明述和暗示正好相反，一句话越明晰，其中就越少暗示的成分；正如一种表达，越是采取散文的形式，就越不像是诗。中国哲学家的语言如此不明晰，而其中所含的暗示则几乎是无限的。富于暗示而不是一泻无余，这是中国诗歌、绘画等各种艺术所追求的目标，它也同样成为中国哲学家表述思想时的风格。"①

五、如何读学术论著

读任何书籍，都有方法与门径，读学术著作自然也不例外。这里主要介绍两类读法。

（一）常规读法

从本体上看，学术论著本身具有很强的规范性。面对规范性的学术论著，我们可以围绕七个关键词进行研读。

关键词一：观点

学术论著总是有作者的观点，观点是学术论著的统帅，所有的内容都围绕观点展开。什么是观点？观点不是描述性的话语，而是命题式的判断。在学术论著中，观点往往是有层次的，需要我们去辨析。

譬如，在《两面之词——关于革命问题的通信》中，有这样一段话："归根到底，唯一跳出星球运转的循环意义外的革命不是政治革命而是技术革命，因为只有它们才是不复返的。有了电流后就不再用蜡烛，有了汽轮船就不再用帆船。"②在这段话中，既有观点又有阐释，"唯一跳出星球运转的循环意义外的革命不是政治革命而是技术革命"就是总论

① 冯友兰《中国哲学简史》，三联书店2009年版，第13、14页。

② 雷吉斯·德布雷、赵汀阳《两面之词——关于革命问题的通信》，张万申译。中信出版社2014年版。

点，“虽然工程师总是被知识分子和政治活动家所忽视，但只有技术革命才不是循环往复的”是分论点，也是阐释语，至于“有了电流后就不再用蜡烛，有了汽轮船就不再用帆船”则是论证语。

关键词二：概念

学术论著是研究性成果，而概念是研究的基础。如果能够抓住一两个最有原创性、启发性的概念，就可以增长自己的见识，让自己保持思想的活性。比如林庚《唐诗综论》中的“盛唐气象”，冯友兰《新原人》中的人生的“四重境界”，费孝通《乡土中国》中的“差序格局”，王学泰《游民文化与中国社会》中的“游民文化”，约瑟夫·奈在《注定领导世界》中的“软实力”等。这些概念，既是学者开展学术研究的支架，也是我们进入学术论著的梯子。

关键词三：假设

五四时期，胡适先生提出了“大胆的假设，小心的求证”的治学方法。“大胆的假设”是要人们打破旧有观念的束缚，挣破旧有思想的牢笼，大胆创新，对未解决的问题提出新的假设或解决的可能；“小心的求证”即是要求人们不能停在假设或可能的路上，而要进行证明。小心的求证则是一种严谨求实的态度，在证明过程中不能捏造事实，不能按自己的意愿去改变事实，更不能用道听途说的东西去充当事实，而是要尊重事实，尊重证据，不能有半点马虎大意。“大胆的假设，小心的求证”正是求新的精神和求实的态度的结合。

“大胆的假设，小心的求证”既适用于学术研究，也适用于学术研讨。20 世纪 50 年代初，胡适先生自美返台，在台湾大学讲演治学方法，再次论及“大胆的假设，小心的求证”。当时的台大校长钱思亮先生即在私下对胡适先生说：“学理、工、农、医的人应该注重在上一句话‘大胆的假设’，因为他们都已比较的养成了一种小心求证的态度和习惯了；至于学文史科学和社会科学的人，应该特别注重下一句话‘小心的求证’，因为他们没有养成求证的习惯。”胡适对此表示赞同。我们读学术论著，也应该有所侧重。

关键词四：预测

凡事预则立，不预则废。阅读学术论著，若能以“预测”的方式进行，则可以有不同的收获。看到书名，可以先预测一番，想想这本书大概会写什么内容；看到目录，可以先预测一番，想想这本书大约包含哪些框架；读到第一节，可以先预测一番，想想这一章大概会写什么内容；读第一章，可以先预测一番，想想后面几章可能会写什么内容。预测就是这样一种由实到虚的阅读方式。

如果说“想象”是阅读文学作品的主要方式，那么，“预测”就是研读学术论著的主要方式。

关键词五：发现

学术论著是一个富矿，其中有许多真知灼见，我们要善于去发现。所谓发现，就是运用脑髓，放出眼光，自己来拿。譬如，翻译家草婴对“良知”的独到解说，就让人眼前一亮：“良知是什么？是心，是脑，是眼，是脊梁，是胆。”①著名学者王瑶对“知识分子”的论述胜人一筹：“首先要有知识，其次，他是‘分子’，有独立性。”②言简意赅而又鞭辟入里。

著名学者林庚认为：“这个诗就是要用婴儿的眼睛来重新发现世界。每写一首诗都是一次用婴儿的眼睛重新发现世界的过程，重新发现这个世界的美，这就是诗。”③文学从来都属于赤子之心。信奉道教的杨道长说：“修道就像当胎儿。当我们在母亲体内的时候，看不见任何东西，也听不见任何声音。我们所知道的一切，只是我们自己的感觉，我们不知道自己在母亲的体内，也不知道她是谁。当我们能够看和听的时候，我们就已经出生了。修道也是如此。”④宗教就是回归自然。联系两段话，可以发现：一个人的境界越高，距离世俗就越远。

关键词六：归纳

马克思的女儿燕妮，曾请教当时德国著名的历史学家维特克，问他能否将古今的历史缩写成一本简明的小册子，教授含笑回答说，没有必要，只用四句谚语就可以概括古今的全部历史，这四句谚语是：上帝将使人灭亡，必先令其疯狂；时间是筛子，最终会淘去一切历史的渣滓；蜜蜂盗花，结果却使花更繁盛；暗透了，便可望见星光。而中国古代小说家罗贯中，则以一句“分久必合，合久必分”来概括中国历史的变化。

在研读学术论著的过程中，采用归纳法可以将书读薄，收获精神的“压缩饼干”。

---

① 曹勇军《曹勇军和他的语文理想国》，江苏凤凰教育出版社 2015 年版，第 114 页。

② 曹勇军《曹勇军和他的语文理想国》，江苏凤凰教育出版社 2015 年版，第 114 页。

③ 河北卫视《读书》栏目《读书：29 位文化名家的书心文事》，新世界出版社 2010 年版，第 16 页。

④ 比尔·波特《空谷幽兰》，南海出版社 2009 年版，第 283 页。

关键词七：演绎

如果说归纳是将书读薄，那么演绎则是将书读厚。古希腊哲学家赫拉克利特有句名言："人不能两次踏进同一条河里。"[①]朱光潜先生翻译为："濯足清流，抽足再入，已非前水。"[②]深邃的哲理寓于鲜明的形象和音节之中，演绎得十分高明。康德的《实践理性批判》中有一段话，现在很时髦，常被人引用，刘克苏的译文是："有两种伟大的事物，我们越是经常、越是执着地思考它们，我们心中越是充满永远新鲜、有增无已的赞叹和敬畏——我们头上的灿烂星空，我们心中的道德法则。"[③]同样是这段话，余光中先生则译为文言韵文："有二事焉，常在此心，敬而畏之，与日俱新；上则为星辰，内则为德法。"[④]余光中先生的翻译，信达雅兼备，炼字功夫到家。

《箭与歌》有多人翻译，而甲骨文专家叶玉深教授则将其译为诗经体："吾矢射空，莫知堕处。其飞甚疾，目不及顾。吾歌绕空，莫知灭处。声浪之行，目不得顾。卒获吾矢，贯彼槲木，卒获吾歌，在彼友腹。"[⑤]如此译法，创造了情理互渗、中西合璧的意境。

阅读学术论著的基本要求见下表：

序　号	手　　段	目　　　的
①	浏览，跳读	了解论著的主要内容、主要观点
②	概括，提要	内化论著的主要内容、主要观点
③	分类，归纳	把握论著的主要思路、研究方法
④	比较，推理	学习学者的主要观点、论证方式
⑤	质疑，批判	审视学者的主要内容、主要观点
⑥	创新，创造	生成自我的主要内容、主要观点

总的来说，学术论著主要分为两大类：一类是阐明性的学术论著，一类是证明性的学术论著。前者揭示真理以解决不知的问题，后者证实真理以解决不信的问题；前者以

① 曹勇军《门外读哲——暑假读书札记之一》，载《语文学习》2008 年第 12 期。
② 曹勇军《门外读哲——暑假读书札记之一》，载《语文学习》2008 年第 12 期。
③ 曹勇军《门外读哲——暑假读书札记之一》，载《语文学习》2008 年第 12 期。
④ 曹勇军《门外读哲——暑假读书札记之一》，《语文学习》2008 年第 12 期。
⑤ 孙文辉《〈箭与歌〉汉译之得失浅析》，《中学语文教学》2010 年第 2 期。

论题为对象，以论见为主体，后者以论点为对象，以论据为主体；前者以阐述为主，后者以证明为主。我们如果用心去分类，自然也就能走进学术论著研读的堂奥。

（二）特殊读法

1. 学术论著的本质不同，方法也不同。学术论著固有的学术性决定了读法的特殊性，儒学大师马一浮先生认为“读书当求明理，更贵在养德”，对读书的穷理之道，马一浮先生精辟地概括为四句话：“一曰通而不局，二曰精而不杂，三曰密而不烦，四曰专而不固。”马一浮对此稍加解释：“不局不杂，知类也；不烦不固，知要也。类者，辩其流别，博之事也。要者，综其指归，约之事也。读书之道尽于此也。”①

苏东坡的“八面受敌读书法”适用于研读学术论著。一部学术论著百宝俱全，应有尽有，但是读者不可能学其所有。较好的办法是每次读书只集中一个问题，从“八面”去探求，去研究。“八面”指读书的各个方面的内容。集中精力，每次只围绕一个中心，带着一个主题去读，这样较能立见收效。

宋代总结出来的“朱子读书法”对研读学术论著很有帮助，“朱子读书法”有六条：循序渐进、熟读精思、虚心涵泳、切己体察、着紧用力、居敬持志。其中，“循序渐进”体现了量力性原则，“熟读精思”体现了巩固性原则，“虚心涵泳”体现了客观性原则，“切己体察”体现了结合性原则，“着紧用力”体现了积极性原则，“居敬持志”体现了目的性原则。

在读书节奏方面，杜光庭的做法值得借鉴：“余初学于上庠，书笈皆备，一月之内，分日而习，一日诵经书，二日览子史，三日学为文，四日记故事，五日燕闲养志，一月率五日始，不五七年经籍备熟。”②他以五日为一周期，每日安排不同的学习内容，而以第五日为游憩时间；循环往复，周而复始，有张有弛，劳逸适度，遂得精进。

古人讲究按照季节选择读书内容。清人张潮在《幽梦影》中说得好：“读经宜冬，其神专也；读史宜夏，其时久也；读诸子宜秋，其致别也；读诸集宜春，其机畅也。”③

2. 阅读学术论著的目的不同，方法也不同。如果是出于了解、理解的目的，那么只要

---

① 马镜泉、赵士华《马一浮评传》，百花洲文艺出版社2010版，第84页。

② 《道藏》第11册，上海书店出版社1988年版，第7页。

③ 张潮《幽梦影》，王峰评注，中华书局2008年版，第6页。

找出论著中的观点即可;如果是出于参考、选材的目的,那么阅读的重点自然就要落在论著的内容上;如果是出于批判、审视的目的,那么就要聚焦学术论著的思路、论证、结论上,特别是辨析其真实性上;如果是出于推荐、借鉴的目的,那么就要把精力放在学术著作中最有学术含量的地方,以选择那些最具启发性和智慧性的内容。

专题问道

德可以分为两种：一种是智慧的德，另一种是行为的德，前者是从学习中得来的，后者是从实践中得来的。

——亚里士多德

此刻，我们将开启整个学习之旅中的精华部分——专题问道。我们的旅程既以“语文”命名，自然就与“文字”结缘，与“思考”接轨，与“实践”接壤。

“含英咀华（学者谈片等）”，品读文字精华，我们希望给予你的是古今中外那些真正打动人心的文字，它们显示了人类飞翔的能力；“我思我在”，揭示思考路径，我们希望给予你的是从纷繁芜杂的表象抵达本质的眼睛；在“实践笃行”中，你学会情境应用，你接触到活的语文，它生长在真实的语境里。

专题 1

涵盖乾坤

——哲学类论著选文研读

哲学通常被认为是智慧之学。哲学告诉人们的不是具体的技能，而是告诉人们如何成为一个真正意义上的人。哲学类论著文本研读，主要通过读这类学术著作，开阔自己的学术视野，积累自己的学术知识。能从论著中找出感兴趣的哲学话题，然后与老师同学一起对话交流。研读哲学类论著，在观察作者占有资料、创造新知的基础上，既要了解哲学家的思维方式，感知作者的学术素养，也要传播哲学的火种和人类的智慧。

在本专题的学习中，我们研读法国 18 世纪伟大的启蒙思想家卢梭的论著《社会契约论》和中国 17 世纪伟大的启蒙思想家黄宗羲的论著《明夷待访录》。这两部论著分别点燃了欧亚大陆两端的精神光源，照亮了东西方幽暗的大地，融入了思想家对政治社会的理解，是史与思的结晶，充满了思想的睿智与哲人的洞见。

※ 含英咀华

论最强者的权利[①]

卢　梭

即使是最强大的人也绝不足以强大到永远都做主人，除非他把力量转变成权利，把服从转变成义务。因此“最强者的权利”——一种听起来很有讽刺意味的东西，实际上已

① 选自《社会契约论》(中国社会科学出版社 2009 年版)。徐强译。让·雅克·卢梭(1712—1778)，法国 18 世纪伟大的启蒙思想家、哲学家、教育家、文学家。法国大革命时期的思想先驱，杰出的民主政论家和浪漫主义文学流派的开创者，启蒙运动最卓越的代表人物之一。著作有《论人类不平等的起源和基础》《社会契约论》《爱弥儿》等。

经被确定为一种基础原则了。但是，难道我们不应当重新仔细解释一下这个名词吗？强力是一种物理性的力量，而对这种力量，我根本看不出它的作用能产生道德。对强力的屈服，只是一种必要的行为，而不是一种意志的选择，它顶多也不过是一种聪明的行为。在哪种意义上，它可以成为一种道德性的义务呢？

让我们暂且假设有这种所谓的权利是存在的。我觉得这样假设的结果只能是制造一系列令人困惑的胡说八道，因为一旦强力被转变成权利，原因和结果就颠倒了，而且任何一种力量只要它强大到足以战胜另一种力量，它就可以承继原来属于被摧毁的那种力量的权利。只要人们不服从又可以不受惩罚，他的不服从就是合法的了。既然最强者总是正确的，那么剩下的唯一问题就是如何成为最强者了。如果一种权利会随着它赖以为基础的强力瓦解而消失，那么这种权利的合法性何在呢？如果用强力去迫使人们服从，那么就根本不需要用义务要求人们服从；如果强迫人们服从的强力消失了，那么人们就将没有任何义务和职责了。因此权利这个词根本不会给我们所说的"强力"增加任何内容，或者说它在这里是没有任何意义的。

"你当服从权力。"如果这意味着"向强力屈服"，那么可以说这是一条极好的律令，但却是完全多余的；我想这条原则是从来都不会被人们违反的。所有的权力都是来自上帝的，这一点我赞同；但是任何疾病也都是来自上帝的，而没有任何人会阻止我们去看医生。假若我在森林的角落里被一个强盗劫持了，他用暴力强迫我把钱包交出来，这时如果我有办法把自己的钱包藏起来，使之不被强盗抢走，那么我的良心是不是也会要求我把钱包交给强盗呢？毕竟，强盗手里拿着的手枪是一种无可怀疑的权力啊。

所以，我们必须承认力量根本不能形成权利，人们只对合法的权力才有服从的义务。这样一来，我们最终要回到最原初的问题上。

◎ 我思我在

1. 在卢梭看来，"强力"与"权利"是什么关系？

2. 第 2 段主要用了什么论证方法？论证效果如何？

3. 文末说"这样一来，我们最终要回到最原初的问题上"，请阅读《社会契约论》，找出这个"最原初的问题"。

原　　臣[①]

黄宗羲

有人焉，“视于无形，听于无声”，以事其君，可谓之臣乎？曰：否！杀其身[②]以事其君，可谓之臣乎？曰：否！夫视于无形，听于无声，资于事父[③]也；杀其身者，无私之极则[④]也。而犹不足以当之，则臣道如何而后可？曰：缘夫天下之大，非一人之所能治，而分治之以群工。故我之出而仕也，为天下，非为君也；为万民，非为一姓也。吾以天下万民起见，非其道[⑤]，即君以形、声强我[⑥]，未之敢从也，况于无形无声乎？非其道，即立身于其朝，未之敢许也，况于杀其身乎？不然，而以君之一身一姓起见，君有无形无声之嗜欲，吾从而视之听之，此宦官、宫妾之心也；君“为己死而为己亡”，吾从而死之、亡之，其此私暱者之事也。是乃臣不臣之辨[⑦]也。

世之为臣者昧于此义，以谓臣为君而设者也。君分吾以天下而后治之，君授吾以人民而后牧之，视天下人民为人君橐[⑧]中之私物。今以四方之劳扰，民生之憔悴，足以危吾君也，不得不讲治之牧之之术。苟无系于社稷之存亡，则四方之劳扰，民生之憔悴，虽有诚臣，亦以为纤芥[⑨]之疾也。夫古之为臣者，于此乎，于彼乎？

盖天下之治乱，不在一姓之兴亡，而在万民之忧乐。是故桀、纣之亡，乃所以为治也；秦政、蒙古之兴，乃所以为乱也；晋、宋、齐、梁之兴亡，无与于治乱者也。为臣者轻视斯民

① 选自季学源、桂兴沅《明夷待访录导读》（中国国际广播出版社2008年版）。“原臣”就是推究怎样做大臣的道理。黄宗羲（1610—1695），浙江余姚人，字太冲，号梨洲，学者称为梨洲先生，又因曾筑续钞堂于南雷，人又称南雷先生。明末清初启蒙思想家、哲学家、教育家。著有《明儒学案》《宋元学案》《明夷待访录》《孟子师说》《易学象数论》《今水经》《大统历推法》等。

② 杀其身：《论语·卫灵公》：“志士仁人，无求生以害仁，有杀身以成仁。”杀，这里指自杀或被杀，相当于现在所说的牺牲。

③ 资于事父：用来侍奉父亲。“资于事父以事君”，语出《礼记·丧服四制》，又见《孝经》。资，运用。

④ 极则：最高的准则。

⑤ 非其道：不合为君之道。

⑥ 即君以形、声强我：即使以形象和声音，明确表示出来，勉强我。即，即使。

⑦ 乃臣不臣之辨也：这就是“是臣”和“不是臣”的区别。辨，区别。

⑧ 橐：口袋。

⑨ 纤芥：细微。

之水火，即能辅君而兴，从君而亡，其于臣道固未尝不背也。夫治天下犹曳大木然，前者唱邪，后者唱许。君与臣，共曳木之人也；若手不执绋，足不履地，曳木者唯娱笑于曳木者[①]之前，从曳木者以为良，而曳木之职荒矣。

嗟乎！后世骄君自恣，不以天下万民为事。其所求乎草野者，不过欲得奔走服役之人。乃使草野之应于上者，亦不出夫奔走服役，一时免于寒饿，遂感在上之知遇，不复计其礼之备与不备，跻[②]之仆、妾之间而以为当然。万历初，神宗之待张居正，其礼稍优，此于古之师傅未能百一；当时论者骇然居正之受无人臣礼。夫居正之罪，正坐[③]不能以师傅自待，听指使于仆、妾，而责之反是，何也？是则耳目浸淫于流俗之所谓臣者以为鹄[④]矣！又岂知臣之与君，名异而实同耶？

或曰：臣不与子并称乎？曰：非也。父子一气，子分父之身而为身，故孝子虽异身，而能日近其气，久之无不通矣；不孝之子，分身而后，日远日疏，久之而气不相似矣。君臣之名，从天下而有之者也。吾无天下之责，则吾在君为路人。出而仕于君也，不以天下为事，则君之仆、妾也；以天下为事，则君之师友也。夫然，谓之臣，其名累变。夫父子固不可变者也。

◎ **我思我在**

1. 在黄宗羲看来，君臣之间到底是一种什么关系？

2. 作为论述文，全文采用问答形式，有什么好处？

3. 德国思想家雅斯贝尔斯在《历史的起源与目标》一书中提出了“轴心时代”的概念，认为公元前500年前后的欧洲、中国、印度等地同时出现了文化突破现象。

春秋战国时期是中国文化的轴心时代，诸子百家的思想对后世产生了深远的影响。包括《原臣》在内的《明夷待访录》表现了具有启蒙性质的民本思想，你能从2 000多年前的《孟子》一书中能找到这种思想的源头吗？

---

① 曳木者：前一个“曳木者”指人君，后一个“曳木者”指群臣。
② 跻：登，升。
③ 坐：因，由于。
④ 鹄：箭靶的中心，这里引申为准则、标准。

请你完成下列表格：

姓　名	论　著	章　节	语　　句
孟　子	《孟子》	《尽心章句下》	
黄宗羲	《明夷待访录》	《原臣》	天下治乱，不在一姓之间，而在万民之忧乐

◎ **专题研讨**

黄宗羲的《明夷待访录》反对君主专制，主张民权，比卢梭的《社会契约论》还要早100年光景，有人称它为“另一部《人权宣言》”。经济发展是思想意识的基础，请你从经济的角度对《明夷待访录》先于《社会契约论》问世进行研讨。

※ 实践笃行

思贯中西

——中法高考作文题搜集与比较

正如一首《巴黎天空下》的老歌所唱的那样：“巴黎天空下，恋人来相伴，幸福共同创，同心曲儿唱。倍尔西桥旁，哲学家徜徉。两位歌乐手，几个凑趣郎，千万游人逛……”巴黎不仅与艺术联系在一起，更和哲学联系在一起。早在中世纪，法国高等教育制度就领先于欧洲各国，创立于12世纪的巴黎大学被称为“欧洲大学之母”。

法国哲学家萨特说：“如果试图改变一些东西，首先应该接受许多东西。”假如你参加法国高考，你将如何准备？你适应这样的作文题吗？你喜欢这样的作文题吗？法国作文题和中国作文题有什么不同？今天就让我们一起搜集和比较一下中法两国高考作文题，开始以萨特的四句话命名的活动吧！

为了取得更好的效果，我们需要做好下列准备活动：

1. 上网搜索法国近五年高考作文题，摘出你最喜欢的一个作文题；

2. 上网搜索中国某省(市)近五年高考作文题，比较一下中法作文试题的区别。

活动一：你之所以看见的，正是因为你想看见

对法国人来说，哲学考试已经是两百多年以来的惯例。这种惯例的形成与一个人有关，他就是拿破仑。1799 年拿破仑上台后启动一系列旨在加强行政效率、加强中央集权的改革，教育也不例外。拿破仑于 1808 年设立的高中毕业会考第一门科目就是哲学。然而当时的哲学作文题主要考查学生对古典知识的掌握程度。1870 年建立的法兰西第三共和国给哲学教育带来了更为深远的影响。从此，中学哲学教育注重向学生传承启蒙时代以来的进步理念及共和思想。19 世纪末，政府决定毕业会考文科科目的拉丁语作文全部用法语取代，从此试题中古典时代的内容越来越少，体现近现代法国民族思想的题目越来越多。

尽管许多欧洲国家都在西方哲学的发展史上占有一席之地，但将哲学列为中学必修课仍属少数。但西欧国家中，目前只有法国、葡萄牙、意大利和西班牙四国将哲学列为中学必修课程。哲学学习不仅是法国公民的权利，也是他们的义务。

萨特说："你之所以看见的，正是因为你想看见。"现在，就把你最喜欢的法国高考作文题拿出来晒一下，并说说喜欢它的原因。

年　份	科　目	作文题	喜欢的原因

活动二：人有选择的权利，人通过选择获得自己的本质

法国学生升入高中以后开始分科，根据个人的爱好和专长选择文科、理工科、经济社会科。无论选择哪一科，哲学都是必修课。

在哲学课上，法国高中生将认识从古希腊到当代的思想巨人，但课程内容并非哲学史，而是通过哲学家的思辨方式，与老师讨论各种概念，例如：理性、信仰、正义、自我、国家、主体性等。哲学教师的任务，在于帮助学生"学习哲学思考"，哲学知识的记忆是其次。

如果你想参加法国高考，就可以从历年高考题中看出一些规律。让我们看一下2016年的法国高考作文题：

★ 文学类考生试题（三选一）

1. 我们的道德信念是建立在经验基础之上的吗？

2. 欲望从本质上说是没有限度的吗？

3. 解释汉娜·阿伦特1964年著作《真理与政治》节选：不存在任何独立于意见和解释的事实？一代一代的历史学家和历史哲学家难道没有证明，因为首先要从纯事件的混沌中提取出事实，所以不先对事实作出解释就根本无法观察事实？

★ 科学类考生试题（三选一）

1. 工作少就是生活得好吗？

2. 必须通过论证才能获得认知？

3. 解释尼科洛·迪贝尔纳多·代·马基雅弗利1532年著作《君王论》节选：

我不否认以下事实：很多人认为，并且依旧认为，世界上的万事万物都是受上帝和命运控制的，人类虽然拥有智慧，却不能改变事物，也不能对它们作出任何改进。因此，我们可能要得出这样的结论，不必白费力气，让命运来主宰一切。

★ 经济类考生试题（三选一）

1. 我们总是清楚自己想要什么吗？

2. 为什么有必要学习历史？

3. 解释勒内·笛卡尔1644年著作《哲学的原则》节选：我们知道错误出于我们的意志，而没有谁愿意受到欺骗，所以我们可能不得不惊讶于这样的事实，我们的判断会出错。但是应当注意，愿意受骗和愿意接受那些往往导致我们受骗的意见之间存在着区别。

★ 工程类考生试题（三选一）

1. 为了实现公正，服从法律就足够了吗？

2. 我们总能论证我们的信仰吗?

3. 解释莫里斯·梅洛-庞蒂 1948 年著作《漫谈》节选:即使在描绘真实对象的时候,画家的目的也绝不是展现对象,而是在画布上创造出自己希望的画面。人们通常在绘画主题和画家的作画方式之间做出区分,从审美经验出发来看,这种区分并不合理。

不难发现,法国高考题由三个论述题组成,前两题是问答题,涉及人类最根本的哲学话题,第三题则是对哲学论著的解释、分析与评论。请你梳理一下最近 10 年考到的哲学论著:

年 份	类 别	哲学著作	作 者	国 籍
	文学类			
	科学类			
	经济类			
	工程类			

活动三:趁现在还来得及,我想看清自己

哲学融入法国人的一生。不少法国人从中学的哲学教育中受益匪浅,乃至在今后的人生岁月里继续保持对哲学的热忱。在法国,哲学爱好者很容易找到学习交流的场所。1992 年,哲学家 Marc Sautet 在巴士底广场的“灯塔”咖啡馆开出第一家哲学咖啡馆。现在经常组织哲学讨论的咖啡馆在巴黎有数十家,在法国有数百家。

公民的思辨能力是现代化的重要基础。法国哲学教育的重要目标是避免公民在参与公共事务时,停留在简单的喜恶直觉上,而是能够思考政策的合理性、评估政策的得失。十七八岁的中学生,在哲学课上就正义、自由、平等、国家等话题展开的思考,事实上是他们成为公民的预备。

我国恢复高考制度以来,高考作文题的“脸”也悄悄地在改变。那么,我国近五年各省(市)的高考作文题,有关于哲学或接近哲学的试题吗?请找出一道。

年　　份	省(市)	作文题	特　　点

哲学不是叫人接受它的结论，而是促使你思考。填写下面的表格，比较一下中国和法国高考作文题的区别：

国　家	优　点	缺　点	对塑造国民品格的作用
中　国			
法　国			

活动四：对于过去我无能为力，但我永远可以改变未来

你认为中国的高考作文题，试题的指向好不好？哲学的含量够不够？为什么？

我的看法：

活动自检

自检项目	活动细目	权重	自评
活动准备	1. 上网搜索法国近五年高考作文题，摘出你最喜欢的一个作文题； 2. 上网搜索中国近五年高考作文题，比较一下中法试题的区别。	10分	
活动一： 你之所以看见的，正是因为你想看见	把你最喜欢的法国高考作文题拿出来晒一下，说出喜欢的原因。	20分	
活动二： 人有选择的权利，人通过选择获得自己的本质	梳理法国最近10年考到的哲学论著，写出论著名称、作者和国籍。	20分	
活动三： 趁现在还来得及，我想看清自己	① 从我国各省(市)高考试题中，找出有关哲学或接近哲学的一道作文题。	10分	
	② 根据表格，比较一下中国和法国高考作文题的区别。	20分	
活动四： 对于过去我无能为力，但我永远可以改变未来	你认为中国的高考作文题，试题的指向对不对？哲学的含量够不够？为什么？	20分	

专题 2

中正平和

——政治类论著选文研读

政治属于上层建筑，是规范社会秩序和意识形态的重要保障。政治类论著文本研读，主要通过阅读这类学术著作，形成我们的学术创见和思想。在研读时，加强对政治的理解，思考政治与地缘战略之间以及内部各种要素之间的逻辑关系，做到有理有据地谈时论政。研读政治类论著，既要探索学术著作的学理所在，又要培育自身的政治眼光。

在本专题的学习中，我们研读美国战略家兹比格纽·布热津斯基的《大棋局》和塞缪尔·亨廷顿的《文明的冲突》。前者把欧亚大陆视为一个地缘战略大棋盘，后者认为冷战后世界的冲突主要是文明之间的冲突。

※ 含英咀华

大　棋　局[①]

布热津斯基

对美国来说，欧亚大陆是最重要的地缘政治目标。欧亚大国和欧亚民族主导世界事务达五百年之久，其间它们为了争夺地区主导权而相互争斗并力争成为全球性大国。现在，美国这个非欧亚大国在这里取得了举足轻重的地位。美国能否持久、有效地保持这

① 选自《大棋局：美国的首要地位及其地缘战略》(上海人民出版社 2007 年版)。中国国际问题研究所译。兹比格纽·布热津斯基(1928—2017)，美国当代著名政治理论家、地缘政治学家、国际关系学者、国务活动家、外交家。曾任美国卡特政府的国家安全顾问、美国国家安全事务助理、美国—中国协会副主席，是美国重量级智囊之一，曾获总统自由勋章。

种地位直接影响美国对全球事务的支配。

这种情况当然不是永恒的,但这能维持多久和将导致何种局面不仅对美国本身的福祉,而且在更广泛的意义上对世界和平都至关重要。第一个和唯一的全球性大国的突然出现造成这样一种情况:如果它以同样快的速度丧失至高无上的地位,不管是因为美国自动退出世界事务,还是因为一个成功的对手的突然崛起,都会严重破坏世界稳定。实际上这会迅速导致全球性的混乱。哈佛大学的政治学家塞缪尔·亨廷顿(Samuel P. Huntington)所作的大胆断言是正确的:

> 比起一个美国在决定全球事务方面继续拥有比其他任何国家更大影响的世界来,一个美国不占首要地位的世界将是一个更加充满暴力、更为混乱、更少民主和经济增长更困难的世界。维持美国在国际上的首要地位是保障美国人的繁荣和安全的关键,也是保障自由、民主、开放经济和国际秩序在这个世界上继续存在下去的关键。

因此,美国如何"管理"欧亚大陆是个十分重要的问题。欧亚大陆是全球面积最大的大陆和地缘政治中轴。主宰欧亚大陆的国家将能控制世界上最先进和经济最发达的三个地区中的两个。看一下地图就会知道,控制了欧亚大陆就几乎自然而然地控制了非洲,并使西半球和大洋洲在地缘政治上成为这个世界中心大陆的周边地带。欧亚大陆拥有世界人口的约75%,它的企业和地下矿藏占全世界物质财富中的大部分份额,欧亚大陆的国民生产总值占世界总额的约60%,世界已知能源资源的四分之三左右也在欧亚大陆。

欧亚大陆集中了世界上大多数在政治上非常自信和富有活力的国家。排在美国后面的六个世界经济大国都在欧亚大陆。公开的核大国只有一个不是欧亚国家,不公开的核国家也只有一个不是欧亚国家。世界上两个人口最多、并有意谋求地区霸权和/或全球影响的国家也都是欧亚国家。所有可能在政治和/或经济上对美国的首要地位提出挑战的国家也都是欧亚国家。欧亚国家的力量加在一起远远超过美国。对美国来说,幸运的是欧亚大陆太大,无法在政治上成为一个整体。

因此,欧亚是个棋盘,对世界领导权的争夺在此从未停止过。虽然地缘战略——对地缘政治利益的战略管理——可被比作棋局,但在这个略呈椭圆形的棋盘上一争高下的不是两个，而是数个实力不等的棋手。最重要的棋手在这个棋盘的西部、东部、中部和南部。棋盘的最西端和最东端都有人口稠密的地区，其相当拥挤的空间分属几个强国。美国的力量直接部署在欧亚大陆狭窄的西部边缘。在远东大陆有一个越来越强大、独立，并拥有众多人口的大国。这个大国的精力充沛的对手局限在几个邻近的岛屿上。这些岛屿和一个远东小半岛的一半给美国的力量提供了立足点。

在东、西两端之间有一个辽阔的中间地带。这里人口密度低，目前在政治上不稳定，组织上四分五裂。在这一地带有一个曾对美国的主导地位提出挑战的强大对手，把美国逐出欧亚大陆是它一度追求的目标。在广阔的欧亚中部高原以南有一个政治上混乱但能源丰富的地区，它对于欧亚大陆西部和东部的国家，以及最南部地区那个人口众多、有意谋求地区霸权的国家来说，都有潜在的重大意义。

这个巨大的、形状不规则的欧亚棋盘从里斯本一直延伸到符拉迪沃斯托克，为"棋赛"提供了舞台。美国可能成为赢家，条件是：棋盘的中间地带能逐步并入扩大中的由美国主导的西方势力范围；南部地区不被某一个国家单独主宰；东部国家不联合起来将美国逐出近海的基地。但是，如果中间地带拒绝向西方靠拢，而成为非常自信的单一的实体，并控制了南部，或同东部的主要棋手结盟，那么美国在欧亚大陆的首要地位就将严重受损。如果东部两个主要棋手实现某种联合，美国地位也同样会受损。最后，如果美国的西部伙伴把美国从其西部周边地带的立足点逐出，美国自然而然将被迫终止其在欧亚大陆棋局的角逐，尽管这可能也意味着欧亚大陆西端最终会被重新崛起的、占据中间地带的那个棋手所控制。

美国的全球霸权被公认为有很大的广度，但是受国内外条件制约，其深度有限。美国的霸权意味着发挥决定性的影响。然而，与过去的帝国不同的是，它不意味着进行直接的控制。由于欧亚大陆范围大、情况复杂，又有一些实力强大的国家，美国影响的深度及其控制欧亚形势发展的程度受到限制。欧亚这个超级大陆面积太广、人口太多、文化差异太大，历史上有野心和政治上有活力的国家也太多，即使美国这样一个经济上最成功、政治上最有影响的全球性大国也难以驾驭它。这种情况使美国需要有更高超的地缘战略手段，并需要在欧亚大棋局中更审慎地、更有选择性地和更深思熟虑地部署美国的力量。

另一个事实是，美国的国内制度十分民主，因此不可能在国外实行独裁。这也限制了美国力量的使用，特别是进行军事恫吓的能力。历史上从未有过一个奉行平民主义的民主国家取得在全球至高无上的地位。除非公众感到国内福利突然受到威胁或挑战，他们是不会支持努力扩大实力的目标的。这种努力所要求的经济上的自律（国防开支）和人的牺牲（甚至是职业军人的伤亡），同民主的本性格格不入。民主制度是不利于进行帝国动员的。

另外，大多数美国人一般不把美国新近取得全球唯一超级大国地位看作一件特别可喜的事。同美国赢得冷战有关的政治"成功论"受到普遍的冷遇，还被一些有自由派倾向的评论家当作讥讽的目标。如果有的话，那么有两种看法还算得上有较大政治影响，它们颇不相同，但都有关赢得同苏联斗争的历史性胜利对美国有什么意义这个问题。一种看法是：冷战的结束使美国有理由大幅度减少国际参与，不管这会给美国的国际地位带来什么后果。另一种看法是：现在是实行真正的国际多边主义的时候了，美国甚至应为此交出部分主权。这两派意见都有自己的忠实信徒。

美国领导目前面临的困境中包含着全球形势特点本身的变化：同过去相比，直接运用权力往往受到更大限制。核武器大幅度降低了战争作为政策工具或威胁手段的效用。国家间经济相互依存程度的增长使为政治目的使用经济讹诈不再那么有效。因此，要在欧亚棋局中成功地运用地缘战略力量，现在主要的做法是随机应变、施展外交手段、建立盟友关系、有选择地吸收新成员加入联盟，并十分巧妙地配置自己的政治资本。

地缘政治和地缘战略

美国在发挥全球主导作用时应认识到政治地理仍是影响国际事务的关键因素。据说拿破仑曾指出，了解一个国家的地理就懂得了这个国家的外交政策。但我们必须根据实力的新现实调整我们对政治地理重要性的理解。

在国际关系史上，领土控制是大多数政治冲突的焦点。自从民族主义崛起以来，大多数血腥战争不是起源于同扩大领土有关的民族自我满足感，就是起源于因丧失"神圣"领土而产生的民族的被剥夺感。毫不夸张地说，领土要求一直是驱使民族国家采取侵略行动的主要动力。精心策划夺取和占据重要地理资产，如直布罗陀海峡、苏伊士运河或新加坡，也曾是建立帝国的途径。这种地理资产在帝国控制的体系中起着关键的枢纽作用。

纳粹德国和日本帝国是民族主义与领土占有之间的联系的两个最极端的例子。建立"千年帝国"的目标远不止是在政治上重新统一所有讲德语的人民，它还包括控制乌克兰"大粮仓"和其他斯拉夫语系国家，让那里的人民为帝国提供廉价的奴隶劳动力。日本人也同样坚信只有直接占领中国东北，而后占领重要的石油产地荷属东印度群岛，才能实现日本增强民族力量和取得全球地位的目标。同样，俄国几个世纪来一直把俄罗斯民族的伟大同领土的占有等同起来。甚至到了20世纪末，俄国仍坚持认为必须继续控制车臣人。后者不是俄罗斯人，但有一条重要的石油管道从他们居住的地区通过。俄国的理由是：控制车臣是保住俄罗斯大国地位的必要条件。

民族国家仍是世界体系的基本单位。尽管大国民族主义的减退和意识形态的淡化已减少了全球政治中的情感成分，核武器又大大地限制了武力的使用，基于领土考虑的竞争仍在世界事务中占主导地位，只是现在的方式往往比过去文明了一些。在这种竞争中，地理位置仍是民族国家对外政策优先目标的出发点。国家领土面积的大小也仍是衡量其地位和力量的主要标准。

但对于多数民族国家来说，领土占有问题的重要性近来已有所下降。虽然领土争端仍是决定一些国家外交政策的重要因素，但这种争端更多地表现为据说被剥夺了加入"祖国"的权利的民族兄弟对不能实行自决的不满，或少数民族由于他们所称的受到邻居的粗暴对待而产生的怨恨，而不是一种通过领土扩张提高民族地位的要求。

处于统治地位的民族精英越来越认识到，一些领土无关的因素更能决定一个国家国际地位的高低或国际影响的大小。经济才能及其向技术发明的转换也可以是一种判断实力大小的重要标准，在这方面日本是个极好的例子。尽管如此，地理位置往往仍能决定一个国家的近期优先目标。一个国家的军事、经济和政治力量越强，它在重要地缘政治利益、影响和参与方面超越其近邻的覆盖面也就越大。

直到最近为止，有影响的地缘政治分析家们还在争论陆地力量是否比海洋力量更重要，以及欧亚大陆的哪个具体地区对控制整个大陆最为关键。最有名的分析家之一哈罗德·麦金德(Harold Mackinder)是关于这一问题的讨论的先驱。他在20世纪初就提出一些相连的欧亚“支轴地区”(据说包括全部西伯利亚和大部分中亚地区)概念,稍后又提出中东欧“中心地带”概念。这些地区被认为是取得欧亚大陆主宰地位的重要跳板。他的中心地带概念通过以下著名格言得到广泛传播:

谁统治了东欧谁就可以控制中心地带;

谁统治了中心地带谁就能控制世界岛;

谁统治了世界岛谁就能控制世界。

一些著名的德国政治地理学家也用地缘政治学为他们国家的“向东进军”(Drang nach Osten)政策辩护,特别是卡尔·豪斯霍费尔(Karl Haushofer)根据德国的战略需要调整了麦金德的概念。阿道夫·希特勒在强调德国人民对“生存空间”的需要时,也使用了这个概念的一种粗俗化说法。在20世纪的前半叶,另一些欧洲思想家曾预料地缘政治重心将向东转移,而太平洋地区,具体地说是美国和日本,将取代日益衰落的欧洲成为世界的主宰者。为了防止重心东移的发生,法国政治地理学家保罗·德芒戎(Paul Demangeon)和其他一些法国地缘政治学者甚至在第二次世界大战之前就提倡欧洲国家更紧密地联合起来。

今天,地缘政治问题已不再是欧亚的哪个地理部分是控制整个大陆的出发点,或陆地力量是否比海洋力量更重要。随着控制整个欧亚大陆成为取得全球主导地位的主要基础,地缘政治已从地区问题扩大到全球范围。目前,来自欧亚大陆之外的美国占据世界的首要地位,美国的力量直接部署在欧亚大陆的三个周边地区,并从那里对处于欧亚大陆内陆地区的国家施加强有力的影响。但正是在欧亚大陆这个全球最重要的竞赛场上,美国的一个潜在对手可能在某一天崛起。因此,在为长期掌管美国在欧亚的地缘政治利益制定美国的地缘战略时,出发点必须是特别注意最重要的赛手并恰当地评估这一地区的情势。

为此需要采取两个基本步骤:

首先,认明在地缘战略方面有活力和有能力引起国际力量分配发生潜在重要变化的欧亚国家,并弄清它们各自的政治精英的基本对外政策目标,以及谋求这些目标可能造成的后果;确定具有地缘政治重要性的欧亚国家是哪些,这类国家的地理位置和/或存在的本身，对更活跃的地缘战略国家或对地区的状况起着催化剂的作用。

其次，制定美国的具体政策，抗衡上述国家的影响，有选择地吸收它们加入联盟和/或控制它们，以便维护和促进美国的重要利益，同时形成更全面的地缘战略概念，在全球范围把较为具体的美国政策互相联结起来。

总之，对于美国来说，欧亚地缘战略涉及有目的地管理在地缘战略方面有活力的国家，并审慎地对待能引起地缘政治变化的国家，以维护美国的两种利益：在近期保持美国独特的全球力量，将来逐步把这种力量转化为机制化的全球合作。用古老帝国统治下更蛮横的时代流行的话来说，帝国地缘战略的三大任务是：防止附庸国家相互勾结并保持它们在安全方面对帝国的依赖性；保持称臣的国家的顺从并维持向它们提供的保护；防止野蛮民族联合起来。

◎ **我思我在**

1. 欧亚大陆为什么成为战略家眼中的“世界岛”？

2. 作者是站在哪个国家的立场上言说的？美国的战略各有什么优势和劣势？

3. 我国战国时期纵横家宣扬并推行“合纵连横”的外交和军事政策，与兹比格纽·布热津斯基的战略有何相似之处？

文明的结构①

亨廷顿

在冷战时代，各国作为盟国、卫星国、仆从国、中立国或不结盟国家，而与两个超级大

① 选自《文明的冲突》（新华出版社 2013 年版）。周琪等译。有删改。塞缪尔·亨廷顿（1927—2008），美国著名国际政治理论家。曾任哈佛大学阿尔伯特·魏斯赫德三世学院教授，哈佛国际和地区问题研究所所长，约翰·奥林战略研究所主任，卡特政府国家安全计划顾问，《外交政策》杂志发言人与主编之一，著有《文明的冲突》。

国相联系。在冷战后的世界，各国作为成员国、核心国家、孤独国家、分裂国家或无所适从的国家，而与各文明相联系。像部族和民族一样，文明也有政治结构，文明的成员国是一个在文化上完全认同一种文明的国家，例如，埃及认同阿拉伯—伊斯兰文明，意大利认同西欧文明。一种文明也可以包括共有和认同其文化、但生活在由另一种文明的成员所支配的国家中的人。各文明通常有一个或几个地方被其成员视为该文明文化的主要源泉或源泉。它们常常位于文明的一个或一些核心国家中，也就是说，位于该文明最强大的、文化上居中心的一个或一些国家中。

核心国家的数目和作用因文明不同而不同，并随着时间而发生变化。日本文明实际上与单一的日本核心国家相等同。中华文明、东正教文明、印度文明各有一个主导核心国家、若干个成员国及生活在受另一种不同文明支配的国家中的人（海外华人、“近邻”的俄罗斯人、斯里兰卡的泰米尔人）。历史上，西方通常有几个核心国家，现在它有两个核心，即美国和欧洲的法德核心，英国则作为另一个权力中心游离于它们之间。伊斯兰、拉丁美洲和非洲缺乏核心国家，这部分地要归因于西方列强的帝国主义，它们瓜分了非洲和中东，在更早的世纪里还不那么明确地瓜分了拉丁美洲。

缺少一个伊斯兰核心国家，给伊斯兰社会和非伊斯兰社会都构成了重大的问题。至于拉丁美洲，西班牙本可以成为一个讲西班牙语的文明或者甚至伊比利亚文明的核心国家，但它的领导人有意识地选择成为欧洲文明的成员国，尽管同时与其前殖民地保持着文化上的联系。巴西就疆域、资源、人口、军事和经济能力来说有资格成为拉丁美洲的领袖，可以设想它能够做到。然而，巴西之于拉丁美洲犹如伊朗之于伊斯兰教。亚文明的差异（与伊朗的宗教差异，与巴西的语言差异）使它们很难担当这个角色。如果没有这些差异，它们完全有资格成为核心国家。因此，拉丁美洲有几个既相互合作又相互竞争领袖地位的国家，它们是巴西、墨西哥、委内瑞拉和阿根廷。鉴于墨西哥试图重新确定自己的认同，从拉丁美洲转向北美，智利和其他国家可能紧随其后，拉丁美洲的情况也因此而复杂化。拉丁美洲文明最终可能融入西方文明并成为分成三支的西方文明的一个亚文明。

任何一个潜在的核心国家承担撒哈拉以南非洲领导的能力，都受到了该地区分为英语国家和法语国家现状的限制。科特迪瓦一度是讲法语的非洲的核心国家，然而，在很大程度上，法语非洲的核心国家是法国，它在非洲国家独立后，与其前殖民地保持着密切的经济、军事、政治的联系。最有资格成为核心国家的两个非洲国家都是讲英语的国家，疆域资源和地理位置使尼日利亚成为潜在的核心国家，但其文明内部的不团结、严重腐败、政治动荡、压制性政府以及经济问题，极大地限制了它扮演这一角色的能力，尽管它偶尔也能这么做。南非通过协商和平地实现了从种族隔离体制的过渡，其工业能力、与其他非洲国家相比高水平的经济发展，其军事能力、自然资源，以及黑人和白人共同担任政治领导的周密体制，都明显地使南非成为南部非洲的领导，也许还是英语非洲的领导，并有可能成为整个撒哈拉以南非洲的领导。

一个孤独的国家在文化上缺乏与其他社会的共同性。例如，埃塞俄比亚在文化上是孤立的，原因在于它占主导地位的语言阿姆哈拉语、它的占主导地位的宗教科普特（基督一性论）东正教、它的帝国历史，以及它与周围民族（其中大部分是穆斯林）的宗教差别。海地的精英传统上津津乐道于与法国的文化联系，海地的克里奥耳语、伏都教、革命奴隶的出身以及野蛮的历史综合起来，使它成为一个孤独的国家，西德尼·明茨注意到，“每一个国家都有独特的一面，但海地独自归入一类”。结果，在1994年海地发生危机时，拉丁美洲的国家不把海地看成是一个拉丁美洲国家，因而不愿意接受海地的难民，尽管它们接受古巴的难民。正如巴拿马的当选总统所说，“在拉丁美洲，海地不被看作是一个拉丁美洲国家，海地人讲一种不同的语言，他们有不同的道德基础和不同的文化。总的说来他们（与拉丁美洲）格格不入”。海地与讲英语的加勒比黑人国家同样存在隔阂，一位评论者注意到，“格林纳达人或牙买加人对海地人的陌生程度，就像艾奥瓦州的人或蒙大拿州的人对海地人的陌生程度一样”，海地“这个无人要的邻居”真正是一个没有亲族的国家。

最重要的孤独国家是日本，没有其他国家具有与之相同的独特文化，在其他国家中，日本移民要么在数量上不重要，要么被那些国家的文化所同化（如日裔美国人）。日本文化极其特殊，而且它没有包含一种可以输出到其他社会并因此与其他社会的人民建立文化联系的潜在的普世宗教（基督教或伊斯兰教）或意识形态（自由主义或共产主义），这些都加强了其孤独性。

几乎所有的国家都是异质性的，因为它们包括了两个或更多的民族、种族和宗教集团。许多国家处于分裂状态，在这些国家中，这些集团的差异或冲突在这个国家的政治中起了重要的作用。这种分裂的程度通常随时间而变化。一个国家的深刻分裂可能导致大规模的暴力或者威胁到这个国家的生存，当文化的差异与地理位置的差异重合时，可能就会出现后一种威胁和自治或分离运动。如果文化的差异与地理位置的差异不一致，人们可能会通过种族灭绝或强制移民来使之一致。

属于同一种文明但拥有不同文化集团的国家，可能会因已发生的分离（捷克斯洛伐克）或可能发生的分离（加拿大）而产生深刻的分裂。然而，深刻的分裂更可能在这样一个分裂国家中出现，在其中，大的集团分别属于不同文明。当属于某种文明的一个大集团企图把这个国家作为其政治工具，使它的语言、宗教和象征成为这个国家的语言、宗教和象征时，这种分裂及随之而来的紧张常常会有所发展，如印度的印度教徒、斯里兰卡的僧伽罗人和马来西来的穆斯林曾试图做的那样。

其领土横跨文明断层线的分裂国家，面临着维护统一的特殊问题。在苏丹，伊斯兰的北方和主要是基督教的南方之间打了几十年的内战。同样的文明分裂几十年来一直纠缠着尼日利亚政治，并引发了一场大规模分离战争以及政变、暴乱和其他暴力行为；在坦桑尼亚，信奉基督教泛灵论的大陆和阿拉伯穆斯林的桑给巴尔已经疏远，它们在许多方面，已成为两个相互分离的国家。1992 年，桑给巴尔偷偷地加入了伊斯兰会议组织，然后在坦桑尼亚的劝导下，又于第二年退出了该组织。同样，基督教徒和穆斯林的分裂在肯尼亚造成了紧张状态和冲突。在非洲之角，主要是基督教的埃塞俄比亚和穆斯林占多数的厄立特里亚于 1993 年相互分离，然而，埃塞俄比亚的奥罗莫人中间仍留下了大量的穆斯林少数民族。被文明断层线分裂的其他国家有：印度（穆斯林和印度教徒）、斯里兰卡（僧伽罗佛教徒和泰米尔印度教徒）、马来西亚和新加坡（华人和马来穆斯林）、中国（汉族、藏传佛教徒、突厥穆斯林）。菲律宾（基督教徒和穆斯林）以及印度尼西亚（穆斯林和帝汶岛的基督教徒）。

南斯拉夫和苏联解体了，并沿着文明的断层线分裂成一些新的实体：在苏联有波罗的海共和国（新教和天主教）、沿岸各东正教共和国以及各伊斯兰共和国，在南斯拉夫，有天主教的斯洛文尼亚和克罗地亚、部分是伊斯兰教的波斯尼亚—黑塞哥维那，以及东正教的塞尔维亚—黑山和马其顿，而这些承继的实体仍然包括多文明的集团，第二阶段的分裂表明了这一点。波黑被战争分成塞族区、穆斯林区和克族区，而塞族人和克族人在克罗地亚相互开战。在位于斯拉夫东正教的塞尔维亚内的、阿尔巴尼亚穆斯林居多的科索沃，极难维持持久和平，在马其顿，阿尔巴尼亚族穆斯林少数与斯拉夫东正教多数之间出现了紧张局面。许多苏联共和国也横跨文明断层线，部分是由于苏联政府在划界时故意造成一些分裂的共和国，俄罗斯的克里米亚被并入了乌克兰，亚美尼亚的纳戈尔诺-卡拉巴赫被并入阿塞拜疆。俄罗斯有几个相对较小的穆斯林群体，最明显的是在北高加索地区和伏尔加地区。爱沙尼亚、拉脱维亚和哈萨克斯坦有相当多的俄罗斯少数民族，在很大程度上这也是苏联的政策造成的。乌克兰被分成讲乌克兰语的东仪天主教民族主义的西部和讲俄语的东正教的东部。

在一个分裂的国家中，来自两种或更多文明的主要集团事实上在说："我们是不同的民族，我们属于不同的地方"，排斥力使它们分开，而别的社会的文明的磁石又将它们吸引。相比之下，一个无所适从的国家则是具有一种将其置于某个单一文明中的占支配地位的文化，而它的领导人却想要将它转到另一个文明。这些领导人实际上在说："我们是一个民族，并共同属于一个地方，但我们想换个地方。"与分裂国家的人民不同，无所适从的国家的人民在他们是谁这一点上没有分歧，但在哪一个文明是他们的文明的问题上有不同意见。最典型的是，土耳其的一部分重要领导人抱有基马尔主义战略，决定他们的社会应当摒弃非西方的文化和体制，应当加入西方，应当既现代化也西方化。俄国自彼得大帝起就一直是一个无所适从的国家，在它是西方文明的一部分还是独特的欧亚东正教文明核心的问题上发生了分歧。当然，穆斯塔法·基马尔的土耳其是一个典型的无所适从的国家，自20世纪20年代以来，它一直试图实现现代化和西方化，并成为西方的一部分。墨西哥把自己定位为与美国相对立的拉丁美洲国家差不多有两个世纪之久。20世纪80年代，由于其领导人试图把它重新定位为北美社会的一个成员，这个国家成了一个无所适从的国家。与此形成对照的是，20世纪90年代，澳大利亚的领导人试图使他们的国家脱离西方并使之成为亚洲的一部分，因而从相反的方向造成了一个无所适从的国家。这两个现象证明了无所适从的国家是可以识别的，它们的领导人自称为两种文化之间的"桥梁"，而观察家则把它们说成是"两面人"。"俄国人面向西方——也向东方"；"土耳其：东方，西方，哪一个最好？""澳大利亚的民族主义：分裂的忠诚"；这些都是强调无所适从的国家认同问题的最典型的文章标题。

◎ **我思我在**

1. 在亨廷顿看来,“文明的结构”是怎样的?请你打一个比方描述这种结构。

2. 布热津斯基认为法国、德国、俄罗斯、中国和印度是地缘战略棋手,乌克兰、阿塞拜疆、韩国、土耳其和伊朗是地缘政治支轴国家。如果从文明的角度出发,你认为中国应该与哪些国家发展关系?请你排个序,并说明理由。

3. 从选文看,《大棋局》与《文明的冲突》所呈现的战略有哪些异同?请具体陈述。

◎ **专题研讨**

不同国家的发展战略是不同的。如果站在中国的立场上,你认为应如何经营欧亚大陆?

※ 实践笃行

文明边缘

——细数“一带一路”上的文明断裂带

亲爱的同学们,“一带一路”是“丝绸之路经济带”和“21世纪海上丝绸之路”的简称。在汉王朝,中国的商队从长安出发,穿越楼兰,走向大马士革,向波斯湾和地中海进发。在明王朝,中国的船队从泉州出发,穿越南海,走向南洋,走向印度洋,到达西亚和东非。千百年来,从陆地到海洋,从驿站到港口,构筑一条条连通东西方商路的努力,从未停止。这就是丝绸之路。站在新的历史起点上,我们既要看到“一带一路”的无限商机,也要看到“一带一路”上潜藏的一些隐患。在“一带一路”上,你知道哪些文明?你知道哪些地方存在文明的更替?你知道哪些地方发生过文明的冲突?你知道哪些地区属于文明的断层线?

不同文明的冲突已经成为当今时代最普遍、重要的和危险的冲突，我们通过研读塞缪尔·亨廷顿的《文明的冲突》，剖析世界不同文明的差异，关注文明的断裂带，探寻丝绸之路文明的轨迹。

为了取得更好的效果，建议同学们做好下列活动准备：

1. 研读塞缪尔·亨廷顿的《文明的冲突》，写下研读时的发现；

2. 上网搜索“欧洲商品首次铁运直达义乌”，观看视频。

活动一：遥看古今，筑梦丝路

丝绸的神话

汉代张骞从长安向西，沿着河西走廊、疏勒河流域进入西域，打通了中国与中亚、西亚的联系，连接了地中海沿岸各国与遥远的东方，丝绸之路正式开通。当然，那是一个伴随着马蹄与驼铃的时代。

而今，郑欧国际铁路货运班列已经开通，一列装满集装箱的火车从中国河南郑州到德国汉堡，行程10 214公里，用时15天左右。如果你是其中的一个集装箱发货者，那么你知道郑欧国际铁路货运班列要穿过哪些国家吗？这些国家分别主要有什么信仰？

国　　家	信　　仰

活动二：文明流域，断裂边缘

帝国的崩坍

近代中东强权奥斯曼土耳其帝国，极盛时势力达亚欧非三大洲，领有东南欧、巴尔干半岛之大部分领土，北及匈牙利和斯洛文尼亚。奥斯曼土耳其帝国信奉伊斯兰教，在第一次世界大战中败于协约国之手，帝国因此分裂。

在中东地区，以信奉伊斯兰教的穆斯林为主，而在边缘地区，还有东正教徒和天主教徒。请你上网搜索一下，以下有过冲突的双方，可以纳入文明断层线的有哪些？请你进行分类归档。

巴勒斯坦和以色列　　苏丹的穆斯林和基督教徒

黎巴嫩的什叶派和马龙派　　塞尔维亚和克罗地亚

波斯尼亚的塞族人和克族人　　埃塞俄比亚的阿姆哈拉人和奥罗莫人

阿尔巴尼亚和希腊　　希腊和土耳其

土耳其和亚美尼亚　　亚美尼亚和阿塞拜疆

塞浦路斯的土耳其族人和希腊族人　　俄罗斯人和车臣人

俄罗斯人和印古什人　　印古什人和奥塞梯人

俄罗斯人和鞑靼人　　俄罗斯人和阿富汗人

活动三：千里同风，四海同春

大洋的波浪

“海上丝绸之路”是古代中国与外国交通贸易和文化交往的海上通道，这条路主要以南海为中心，所以又称南海丝绸之路。海上丝绸之路形成于秦汉时期，发展于三国至隋朝时期，繁荣于唐宋时期，转变于明清时期，是已知的最为古老的海上航线。

在东南亚和南亚地区，同样也存在文明的断层线。我们要认识到这个区域文明的多样性，才能规避可能的风险。你能说出下面这些国家的国民信奉的宗教信仰吗？

印度　巴基斯坦　孟加拉

泰国　东帝汶　斯里兰卡

印尼　马来西亚　菲律宾

活动四：运筹帷幄，决胜千里

有人说，改革开放以来，邓小平建立“经济特区”，这是布“点”的战略；江泽民推进沿江沿边开放，这是连“线”的战略；胡锦涛启动西部大开发，这是成“面”的战略；习近平提出“一带一路”倡议，这是立“体”的战略。你认同这种说法吗？

活动自检

自检项目	活动细目	权重	自评
活动准备	研读塞缪尔·亨廷顿的《文明的冲突》，写下研读时的感触和发现。	20分	
活动一： 遥看古今，筑梦丝路	你知道郑欧国际铁路货运班列要穿过哪些国家？这些国家分别信奉什么宗教？	20分	
活动二： 文明流域，断裂边缘	历史上有过冲突的双方，可以纳入文明断层线的有哪些？请你进行分类归档。	20分	
活动三： 千里同风，四海同春	你能说出这些国家主要有什么信仰吗？	20分	
活动四： 运筹帷幄，决胜千里	你认同“点”“线”“面”“体”这种说法吗？	20分	

专题3

经世济民

——经济类论著选文研读

相对于上层建筑，经济则是基础。经济是价值的创造、转化与实现。经济类论著文本研读，主要通过读这类文本，正视论著的学术影响和价值，即把握经济学家的主要观点以及经济学家论证的出发点和落脚点，看到论著在经济发展史上的地位。研读经济类论著，在观察作者占有资料、创造新知的基础上，注意论著中条分缕析的论证逻辑。

本专题，我们研讨经济学理论中两个经典的比喻：蜜蜂和灯塔。前者出自荷兰古典经济学家伯纳德·曼德维尔的《蜜蜂的寓言》，后者关涉英国著名经济学家约翰·斯图亚特·穆勒的《政治经济学原理——及其在社会哲学上的若干应用》等著作。蜜蜂与灯塔频繁地出现在经济学论著中，借以说明哪些经济理论？

※ 含英咀华

蜜蜂的寓言①

胡　娟

宽敞的蜂巢有众多蜜蜂聚居，

① 选自《经济学之美》（商务印书馆2014年版）。本文节选自第四章，第四章由胡娟撰写。亚当·斯密（1723—1790），英国哲学家和经济学家，经济学的主要创立者。所著《国富论》是第一本试图阐述欧洲产业增长和商业发展历史的著作；而所著《道德情操论》则是市场经济良性运行不可或缺的“圣经”，堪称西方世界的《论语》。

他们的生活实在是奢华安逸，
这蜂巢素以法律和军队驰名，
它繁育着庞大而勤劳的蜂群；
这蜜蜂之国的确可以被列入，
科学与勤勉的一方伟大苗圃。
没有哪群蜂有过更好的政府，
或者更无瑕疵，或者更不知足；
他们既不是残暴君主的奴隶，
亦未蒙受狂热民主制的治理；
有一点都不会错：他们有国王，
然而法律却高于君主的权杖。

这是荷兰著名思想家、古典经济学家伯纳德·曼德维尔，在1705年出版的长篇讽喻诗《蜜蜂的寓言——私人的恶德，公众的利益》起首的第一段。曼德维尔1670年出生于荷兰鹿特丹，常年旅居英国。他本是一名医生，但显然有点不务正业。当年在英国著名作家笛福经常出入的伦敦咖啡馆和酒肆中，便可常常见到他的身影。《蜜蜂的语言》以蜜蜂王国比喻人类社会。“这些昆虫生活于斯，宛如人类，微缩地表演人类的一切行为。”它以讽喻的形式，在戏谑与诙谐中，展开对人类社会繁荣、秩序及隐身背后的人之本性的探讨，初步形成了最早的“社会秩序的自发生成说”。寻找、探求和解释复杂经济世界秩序之美的历程，就是从蜜蜂的故事开始的。正如美国伟大的经济学家保罗·萨缪尔森所说：“在蜂群中，所有这些问题，即使牵涉到极度复杂的相互合作的分工(秩序)，也都自动地被所谓‘生物的本能’所解决。”

《蜜蜂的寓言》如同其名，是一个以蜜蜂为载体的寓言故事。它描述了一个蜜蜂王国，在这个王国里，存有一个奢华庞大的蜂巢，里面生活着众多蜜蜂。“大群的蜜蜂涌进兴旺的蜂巢；那众多的蜜蜂更使他们繁茂；数百万蜜蜂无不在纷纷尽力，满足着彼此间的虚荣与贪欲。”这个蜂巢拥有良好的政府、军队和繁荣的经济，亦有各式各样的社会角色。它们按照各自的分工，秩序井然地努力工作着，互相满足着彼此的需要，并因此使蜂巢成为幸福的乐园。

不仅如此，曼氏以蜜蜂喻人类，以蜂巢讽人类社会。通过蜜蜂行为的“由恶向善”导致蜂巢的盛衰变化，道出了著名的“曼德维尔悖论”：“私人恶德即公共利益。”

“有些拥有丰沛股本，痛苦很少，他们全力投入生意，收益丰饶；有些则注定使用斧头和铁铲，肩负着一切艰苦辛劳的重担；那些不幸者，则情愿日日地挥汗，气力用完、四肢疲惫才能吃饭。”（[荷] 伯纳德·曼德维尔语）直到有一天，好心的神面对众蜂们虚伪的祷告，“吾辈若诚实该多好”，便让蜂巢从此全无欺诈。顷刻间，“诚实便充满了蜜蜂们的心窝”。他们羞于自己犯下的罪行并虔心忏悔，“伪善面具统统被丢在了地下”。而此时，伪饰虽然已不复存在，但蜂巢却被另一种可怕的面貌取而代之：“土地和房屋的价格急剧下降，贬值的还有绮丽的殿宇宫墙”，“节制欲望的众蜂在努力学习，不学如何花钱，而学怎样生活”；“不单是商号，而且所有公司，现已将工场作坊全部关闭。各行与各业无不弃绝扯谎”。最后，蜜蜂的数量急剧减少，“他们纷纷飞进一个空树洞里，以便去安享满足与诚实无欺”。

在这里，曼德维尔告诉我们，勤俭节约对个人来说是美德，但对社会而言未必是好事。而奢侈浪费对个人来说是劣行，但对国家来讲确实是好事。他认为，如果人人都增加储蓄，减少消费，就会导致生产下降、商业衰落、失业增加。假如人人都不花钱，最终人人都将没有工作，亦没有收入。因此说，消费会促进各行各业的发展，从而使社会更加繁荣。例如，降低工人工资，对厂商来说，可以降低工资，增加利润，而且可以增雇工人，增加生产。但是，如果每个厂商都降低工资，就会引起整个收入水平的下降，人们的消费就会减少，对产品的总需求就会下降。这时，企业生产出来的产品可能卖不掉，因而不得不减少生产和就业。这就是曼氏的悖论。

故事的寓意很明确。人类生来自私，可在一个井然有序的社会里，他们却可以被引导自愿做好事。从这一核心思想出发，曼德维尔提出了具有普遍性的经济学观点：不是人之善，而是制度之善。制度使社会有序，使坏人也可为大众的福祉服务。而制约自私行为肆意妄为的大多数制度是在人类实践中自然生成的。它们是人类行为的结果，而并非人类有意识设计的产物。正是在构思这一核心观点的思维过程中，曼德维尔第一次完整地提出了有序的社会制度结构（包括法律和道德、市场、货币、语言以及技术知识进步等）自发生长的经典模式。

曼德维尔“蜜蜂的寓言”,对后世影响是深远的。大卫·休谟等继承曼德维尔早期的秩序思想。他认为,人类赖以活动并取得巨大成就的社会经济制度,并不是设计的结果,而是人类社会经济活动自然演进的结果。曼德维尔关于自由竞争和社会分工的思想,也被亚当·斯密所吸收。约翰·梅纳德·凯恩斯更是在他的经典名著《就业、利息和货币通论》中赞赏和推崇蜜蜂的寓言。1974年诺贝尔经济学奖得主哈耶克则从其“秩序内生于人性的思想中得到启发,建立了区别源于外部安排的‘建构秩序’和‘人为秩序’的自发社会秩序理论”。中国著名经济学家、现代合约理论创始人张五常教授曾说:我们不难明白,蜜蜂的例子发表后就立刻大名远播。蜜蜂的翻飞,衬托着大自然的风和日丽,而又那样新奇,怎会不触发经济学者的想象力?

◎ **我思我在**

1. 如果说哲学是学术之树的树干,那么经济学则是从哲学这个树干上分出的树枝。你还知道哪些学科是从哲学中分出去的?

2. 悖论是表面上同一命题或推理中隐含着两个对立的结论,而这两个结论都能自圆其说。悖论的抽象公式就是:如果事件A发生,则推导出非A,非A发生则推导出A。请你用这个公式阐释一下“曼德维尔悖论”。

3. 著名经济学家亚当·斯密在他的著作中使用“看不见的手”这个词有三次:一次是在《道德情操论》中;一次是他谈到早期宗教思想时,他幽默地写到希腊神话中朱庇特“这只看不见的手”;一次是在被誉为“经济学圣经”的《国富论》中。在这里,“看不见的手”是一个隐喻。尽管亚当·斯密只使用三次,但是这个隐喻所表达的思想是渗透在他的全部社会和道德理论之中的。结合曼德维尔早期的秩序思想,如果从道德理论上理解,“看不见的手”隐喻什么?

灯塔的光芒①

范锐敏

在美国纽约自由女神像的底座上，镌刻着这样一首诗：

不似那铸成铜像的希腊诸神，
征服者的双腿横跨两岸，
在这浪拍夕照的大门，
将矗立起一个伟大的女人。
她手中的火炬是囚禁的闪电，
她的名字是"流亡者之母"，
她灯塔般的手臂闪耀着对全世界的召唤，
温柔的目光俯视着连接双城的海港。
她呼喊着，张开沉默的双唇：
"古老的土地，留下你华丽的传奇，
给我送来你疲惫的人，你贫穷的人，
你渴望呼吸自由的芸芸众生。"
让他们来吧！
被你丰饶的海岸推走的不幸的人们，
被风暴席卷、无家可归的人们，
在这金色的大门边，
我为他们举灯照明。

这首名为《新的巨像》的美丽诗篇，是美国著名犹太女诗人爱玛·拉扎勒斯的不朽杰

---

① 选自《经济学之美》(商务印书馆2014年版)。本文节选自第九章，第九章由范锐敏撰写。保罗·萨缪尔森(1915—2009)，美国著名经济学家，当今世界经济学界的巨匠之一，是当代凯恩斯主义的集大成者，是世界上罕见的多能学者，是经济学界的最后一位通才。其经典著作《经济学》是全世界最畅销的经济学教科书。1947年成为克拉克奖的首位获得者，1970年获得诺贝尔经济学奖。

作。一百多年来，当人们乘船到达美国纽约时，首先映入眼帘的就是赫德森河口高高耸立在水天之间的自由女神像。她犹如一座巨型灯塔，“为他们举灯照明”，指引民主与自由的航船破浪前行。

灯塔，一般是指引船舶航行的标志。在经济学中，灯塔却成为一个常用的经典案例。灯塔与蜜蜂的寓言一样，频繁地出现在经济学家的著作中，借以说明某种经济理论。灯塔在经济学上的运用，最早可追溯到1848年，英国著名经济学家约翰·斯图亚特·穆勒，出版了使他扬名于世的经济学著作——《政治经济学原理——及其在社会哲学上的若干应用》。在该书中，穆勒以灯塔为例，用以说明公共产品的提供当属于政府的职能。到19世纪下半叶，被誉为对经济学作出巨大贡献的最后一位政治哲学家亨利·西奇威克，在他的经典著作《政治经济学原理》(1883年)中，以灯塔为例，阐释了市场提供公共设施方面的无能为力。他承认生产中的外部性——著名的灯塔例子，是“市场失灵”的根源。他根据私人收益与社会收益之背离，建立了关于政府干预的纯一般性理论。穆勒和西奇威克主要关心的是灯塔服务难以收费。过往船只享受了灯塔照亮服务后，便逃之夭夭，拒不付钱。所以，两位经济学家主张政府施以援手，强制向船主收费(抽税)。

后来，英国剑桥大学教授、“福利经济学之父”阿瑟·庇古，在他的不朽巨著《福利经济学》(1920年)中，借用西奇威克的灯塔例子，以此证明非补偿性服务。庇古虽然同意穆勒和西奇威克收费困难之说，但却主张政府不仅不要强行向船主收费，而且还要用纳税人的钱建造灯塔，免费让船主使用。可以说，在灯塔问题上，大师之见各不相同。但事实却告诉我们，一个多世纪以来，灯塔的光芒，一直照耀着经济学前行的航程。

美国经济学泰斗、1970年诺贝尔经济学奖获得者保罗·萨缪尔森，在他“流动的百科全书”《经济学》(第18版)中这样写道：“很多年来，灯塔都被列为典型的公共品。它们可以拯救生命和船只。但是灯塔的值班人却不能向过往船只一一收取费用；就算可以收费，也不能说明这种社会服务符合了效率的要求。灯塔服务只有在完全免费提供时，才可能达到效用最大化。”在这里，萨缪尔森以灯塔为例，来说明外部经济效应成为政府合理活动的理由。萨缪尔森将灯塔看作是公用品的经典案例，可以说是奇峰突起。

萨缪尔森认为，灯塔作为“公共品”，并非都是必然由公共提供的。常见的情况是没有人提供。而且，仅仅因为它是私人提供这一点，并不意味这样的提供就一定是最有效率的。或者只要经由市场机制，就能够完全收回灯塔的成本。英国的例子可以说明这样一个有趣的问题：如果灯塔的提供，能够同另一个物品或服务相连接，如船只的吨位，并且如果政府给私人权利让他们收取必要的费用，那么，就会产生一个资助公共品的替代机制。而这个办法，在收费无法同吨位联系起来时，将收效甚微（比如在国际海域）。如果政府坚决将收取费用的权力私人化，则这个办法就会完全不起作用。

同时，萨缪尔森还以美国为例。他说：美国则是另一种完全不同的情况。从早年开始，美国就相信航海救援应该由政府提供。而事实上，美国第一届国会的第一批法案中，美国的第一个公共工程法，都曾写明：“所有的灯塔、信号灯和浮标等相应设施，其维护和维修都应该由美国的财政部进行支付。”萨缪尔森还指出，公共物品如灯塔有利于整个社会，作为一种公共事业，即使能收灯塔服务之费，也不应该收，而维持这种公共事业的费用应当来自税收。

但是，萨缪尔森也认为，与许多公共品不同，灯塔所需要的资金比较有限。他意味深长地回顾美国历史上，没有航海服务时，特别是没有灯塔时所发生的故事：在美国佛罗里达东海岸，有一条很不太平的航道，水表下几英尺处，就有蜿蜒 200 多英里长的暗礁。而此海域又处于大西洋飓风最活跃的地带。因而，这条海上通道很自然地就成了风暴、海滩和海盗的集中之地。直到 1825 年，这里才出现灯塔。而在这之前，甚至连私人灯塔也不曾有过。只有在美国政府出资，沿佛罗里达海岸建设了灯塔之后，船只失事的数量才开始明显下降。灯塔照亮了这里的航线，使来往船只享受到安全与幸福。

然而，“灯塔今天已经不再是公共品的争议焦点，而主要是旅游者们的好奇之物。灯塔在很大程度上已经被卫星为基础的全球定位系统（GPS）取代。GPS 也是一个由政府免费提供的公共品。灯塔的历史提醒我们，那些由于公共品未能被有效地提供而产生的问题，并非已经完全消失”。

一百多年来，从穆勒、西奇威克、庇古到萨缪尔森，这些“传统智慧”经济学家们看来，建造灯塔根本无利可图，除非政府用强迫的办法收税，否则，灯塔将会无人建造。他们认为，虽然灯塔能够为船只导航，并可以保全船员的生命和货物的安全，但却很难向获得好处的船主收费。因为，船主们虽然借用了灯塔的光芒，但他们可以谎称自己并没有借助灯塔，没有享受灯塔的“灯光服务”。这种“搭便车”现象，使船主们不愿意缴费。所以，在经济学中，灯塔现象是一个饶有趣味而又非常复杂的问题。

……

灯塔有太多悲喜交集的故事，但灯塔却给人们带来了希望和光明。中国著名作家巴金先生，在他的名为《灯》的散文中说：如果你远航在海上，“黄昏留下来的最薄弱的一道光亮，也被海水吞了似的。漫漫无尽的黑夜，只有海的啸声控制了一切。你禁不住战栗。忽然，远处隐现出一线光亮，也许那只是指路的灯塔，可是你会马上恢复勇气，你有勇气战退与黑夜俱来的恐怖，至少你不会航错了方向”。

正可谓：“惟怜一灯影，万里眼中明。”

◎ 我思我在

1. 一百多年来，灯塔的光芒为何一直照耀着经济学前行的航程？

2. 灯塔在很大程度上已经被以卫星为基础的全球定位系统(GPS)取代，在你看来，全球定位系统(GPS)应该如何解决未能被有效地提供而产生的问题？

3. “蜜蜂的寓言”和“灯塔的光芒”都是经济学理论的经典比喻，你认为如何研究经济学理论才能长久保持学术价值呢？

◎ 专题研讨

穆勒在《政治经济学原理——及其在社会哲学上的若干应用》中，以灯塔为例说明公共产品的提供当属于政府的职能。西奇威克在《政治经济学原理》中，以灯塔为例阐释了市场提供公共设施方面的无能为力。两位均主张政府施以援手，强制向船主收费。庇古在《福利经济学》中，借用西奇威克的灯塔例子，以此证明非补偿性服务。他虽然同意穆勒和西奇威克收费困难之说，但却主张政府不仅不要强行向船主收费，而且还要用纳税人的钱建造灯塔，免费让船主使用。萨缪尔森在《经济学》中，以灯塔为例说明外部经济效应成为政府合理活动的理由。他认为，灯塔作为典型的公共品，可以拯救生命和船只，但是灯塔的值班人却不能向过往船只一一收取费用；就算可以收费，也不能说明这种社会服务符合了效率的要求。灯塔服务只有在完全免费提供时，才可能达到效用最大化。

在你看来，政府该不该提供灯塔？灯塔该不该收取费用？你有没有关于"灯塔经济学"的新看法？

※ 实践笃行

梦里财经

——大数据时代家庭理财观念调查

同学们，人生是由无数的选择组成的，为什么幸运的人总幸运，倒霉的人总倒霉呢？为什么99%的人，到了50岁还要为生活而奔波呢？

其实，一个人的理财观念很重要，一个家庭的理财观念更加重要。近年来，中国人的消费观念发生了显著的变化：从重节俭的消费观念转变为重发展的消费观念，由量入为出的消费观念到即时消费观念又到超前消费观念的转变。随着消费观念的变化，中国人的投资观念也发生了很大的变化。

消费观念的变化与什么有关呢？投资观念的变化与什么有关呢？原因何在？请你在繁重的学习之余，找点空闲，找点时间，带着问题，常静心想想。

为了更好地开展活动，我们要做好如下准备：

1. 在线阅读罗伯特·清崎、莱希特的《富爸爸，穷爸爸》；

2. 从孔夫子旧书网上购买阿瑟·J·基翁的《个人理财》(第4版)，摘出令你心动的理财思路。

活动一：行走在历史的记忆中

一个表格

30元能买什么？

年份＼物品	大　米	花生油	猪　肉
1978年	99斤	12斤	12斤
1998年	48斤	2.6斤	4.5斤
2015年	9斤	1斤	2斤

一组口号

链接①：20世纪50年代，人民当家作主，过上了安稳日子，但由于收入低，家家户户过的都是紧日子，那时来百姓的理财观就是看谁更勤俭节约，用一句话概括就是："新三年，旧三年，缝缝补补又三年；你没钱，我没钱，社会主义刚向前。"

链接②：20世纪60年代，我国进入严重商品短缺时代，为保障人民生活基本需要，各种票证应运而生，老百姓的喜怒哀乐都与一张小小票证相连。有一句顺口溜："副食品，粮布票，它比生命还重要；半斤肉，二两油，宝书一举不知愁。"

链接③：从20世纪70年代开始，老百姓的革命热情逐渐降温，消费热情逐渐抬头。老百姓的理财观念普遍出现，想尽一切办法在银行存钱，为的是早日拥有自行车、手表、缝纫机三大件。有一句顺口溜是这样形容的："自行车，半导体，不吃不喝也要你；绿军褂，警察蓝，纳双鞋底就过年。"

链接④：从20世纪80年代开始，改革开放的春风吹遍中华大地，老百姓的理财观念也随之发生变化，勤俭节约让位于能挣会花，大家追求新三大件——彩电、冰箱、洗衣机。"花钱买方便""时间就是金钱"的观念脱颖而出，正是："三轮车，一杆秤，跟着小平闹革命；十亿人，八亿商，做梦都想奔小康。"

链接⑤：进入20世纪90年代，商品极大丰富，收入迅速提高，老百姓的消费热情一浪高过一浪，但贫富差距进一步拉大。老百姓的理财观念再次发生变化，如何理财成为大众最关心的话题之一，花钱买健康买文化教育之风日盛。正所谓："你降息，我炒股，谁也别想做谁主；你敢花，我能挣，下辈的钱咱先用。"

链接⑥：进入21世纪，"理财"一词风靡大江南北，被广大老百姓接受并使用，先后出现了许多响亮的口号，如"你不理财，财不理你""不要把鸡蛋放在一个篮子里""理财，就是钱生钱""理财，从规划人生开始"等。有这样的段子："不要因为冬天来临，就放弃对春的期待；不要因为多数人投机，就怀疑对投资的坚守；不要因为虚假和昂贵，就停止对真理与价值的追求。"

看了以上内容，你一定想了解自己家庭的理财情况，那就请你先填写下面的表格吧。

角色	概　况	类别	在括号内打"√"	理财综合情况	结　论
父亲	(　　)年生人	理念	超前(　　)		
	(　　)学历		一般(　　)		
	(　　)行业		落后(　　)		
母亲	(　　)年生人	理念	超前(　　)		
	(　　)学历		一般(　　)		
	(　　)行业		落后(　　)		

活动二：攀登于理财的阶梯里

四个案例

案例①：某新妈妈，在网络理财频道上学习知识，自娱自乐地记账，如家庭每月总收入是多少，总支出是多少，每月主要在哪几方面花销等。如果时间不充裕，有时一个月记一次账，有时几个月还未记账。

案例②：某全职太太，丈夫有实业。听说现在基金、股票热度较高，则找到专业机构将手中资金情况说明，希望机构推荐可以挣钱的股票或基金，以获取收益，并支付一定的资讯费用。

案例③：某小两口，希望可以对现有的钱构建投资组合，只对已有的钱进行了安排，而对未来的钱没有安排，或者被非资深的所谓的专业理财机构搪塞"定期定投"之类的保险产品，如“10％的上保险，20％作为生活支出，30％还贷，40％投资”，或者“10％保本型投资，20％投资房产，30％投资股票，40％股票型基金”等。

案例④：某外企市场总监，进行综合规划。除了对已有的钱进行了很好的安排，未来的财务发展，降低了其财务恐惧，且放心大胆的提高了生活品质。

上述四个案例分别代表了一个层次的理财：随意理财、专项理财、综合理财和理财规划。目前许多理财者大多都在一、二层次，有些人接触时间更早些，可以达到第三个层次，但很少有人可以意识到，一个人或家庭，只有达到第四个层次的理财，才能真正实现财富的安全与自由。所以我们必须倡导并大力发展第四层次的理财观念，才能保证每个家庭或个人真正的财务幸福。

你的父母达到了哪个理财层次了？你开始理财了吗？如果开始了，你已经达到哪个层次了？请你概括出四个层次的特征，以及你的家庭成员的理财行为，然后用线条将你的家庭成员分别与理财层次连接起来。

层 次	特 征	连 线	角 色	行 为
随意理财			父亲	
专项理财			母亲	
综合理财			“我”	
理财规划			祖父	

活动三：直面大数据时代

一段对话

你知道什么叫大数据吗？看了下面一段对话，你就知道了！

必胜客店的电话铃响了。

客服拿起电话：必胜客。您好！请问有什么需要我为您服务？

顾客：你好！我想要一份……

客服：先生，请先把您的会员卡号告诉我，好吗？

顾客：16846146＊＊＊。

客服：陈先生，您好！您是住在泉州路一号12楼1205室。您家电话是2646＊＊＊＊，您公司电话是4666＊＊＊＊，您的手机是1391234＊＊＊＊。请问您想用哪一个电话付费？

顾客：你为什么知道我所有的电话号码？

客服：陈先生，因为我们联机CRM系统。

顾客：我想要一个海鲜比萨……

客服：陈先生，海鲜比萨不适合您。

顾客：为什么？

客服：根据您的医疗记录，你的血压和胆固醇都偏高。

顾客：那你有什么可以推荐的？

客服：您可以试试我们的低脂健康比萨。

顾客：你怎么知道我会喜欢这种的？

客服：您上星期一在国家图书馆借了一本《低脂健康食谱》。

顾客：好。那我要一个家庭大号比萨。

客服：陈先生，大号的不够吃。

顾客：为什么？

客服：因为您家一共有六口人。来个特大号的，怎样？

顾客：要付多少钱？

客服：99元。这个足够您一家六口吃了。但您母亲应该少吃，她上个月刚刚做了心脏搭桥手术，还处在恢复期。

顾客：那可以刷卡吗？

客服：陈先生，对不起。请您付现款。

顾客：你们不是可以刷卡的吗？

客服：一般是可以的。但是您的信用卡已经刷爆了，您现在还欠银行4807元，而且还不包括您的房贷利息。

顾客：那我先去附近的提款机提款。

客服：陈先生，根据您的记录，您已经超过今日提款限额了。

顾客：算了，你们直接把比萨送我家吧，家里有现金。你们多久会送到？

客服：大约30分钟。如果您不想等，可以自己骑摩托车来取。

顾客：为什么？

客服：根据我们CRM全球定位系统车辆行驶自动跟踪记录显示，您登记的一辆车号为SB－748的摩托车，目前正在解放路东段华联商场右侧行驶，离我们店只有50米。

顾客：好吧……（头晕）

这就是大数据！在大数据面前，每个人都没有秘密。

一点知识

理财就是在了解了自身的财务状况、做好财务规划后，通过运用各种理财手段，进行资产配置，从而帮助我们轻轻松松地实现生活目标，最终实现人生在财务上的自由、自主、自在的过程。

有人认为，中国人理财进化史分为银行时代、证券和房产时代、“宝宝”时代、P2P时代、全球资产配置时代。

随着互联网席卷全球，无数的传统行业亟须转型，互联网带来社会各行各业的秩序重构，金融行业也不例外。阿里巴巴推出余额宝理财业务，比银行更高的收益吸引着无数普通用户的关注。大量的普通民众将钱从银行里挪到了余额宝里，余额宝的整体估值也是水涨船高。

在自媒体时代，理财已经发生了革命。与传统银行繁杂的理财手续不同，P2P网贷平台的理财手续便捷，用户轻轻松松就能完成相应的理财行为。互联网技术的革新，更是简化了操作的流程，再加上大数据的应用，更是让贷款之前的信用审核时间大幅度缩短。

借助于余额宝的出现和P2P领域的繁荣，中国人的理财意识在一轮又一轮互联网信息的冲击中获得了前所未有的提升，而随着中国与海外市场之间的距离不断拉近，全球资产配置在过去的十年间成为众多高资人士的选择。

你能否从父母使用手机的情况了解你家的理财观念？你想对父母提出哪些理财建

议？（至少两条）

1.

2.

活动四：趣味经济学

课堂上，教授讲授经济学："何谓第一产业？喂牛，养羊。何谓第二产业？杀牛，宰羊。何谓第三产业？吃牛肉，喝羊汤。"有学生问："那么，文化产业呢？"教授眼睛一亮："问得好，不愧是我的好学生！"然后回答："所谓文化产业，就是吹牛皮，出'羊'相！"

你能否用类比的方法形容理财的几个阶段？

活动自检

自检项目	活动细目	权重	自评
活动准备	阅读罗伯特·清崎、莱希特的《富爸爸，穷爸爸》；购买阿瑟·J·基翁的《个人理财》（第4版），摘出令你心动的理财思路。	20分	
活动一： 行走在历史的记忆中	了解自己家庭的理财情况，填写表格。	20分	
活动二： 攀登于理财的阶梯里	概括出四个层次的特征，以及你的家庭成员的理财行为，然后用线条将你的家庭成员分别与理财层次连接起来。	20分	
活动三： 直面大数据时代	对父母提出至少两条理财建议。	20分	
活动四： 趣味经济学	用类比的方法形容理财的几个阶段？	20分	

专题 4

返观内照

——文化类论著选文研读

一国的文化，总是要经过历史的积淀才能凝成传统；一国的历史，总是经过文化的洗礼才能写成丹青。文化与历史就是这般难舍难分。文化类论著文本研读，主要通过读这类论著，学习学者的学术思想和批判精神。我们研读时，要观察作者分析文化现象和历史现象的独特视角，把握作者去伪存真、去粗取精的功力，进而感悟作者的独特观点。

在本专题的学习中，我们研读两部论著：一部是孙隆基的《中国文化的深层结构》，作者用结构主义方法，于日常生活的具体细节中观察中国人文化行为的基本结构，尝试从另一角度观察中国文化；另一部是刘再复的《双典批判》，作者对《水浒传》和《三国演义》两部历史小说进行了文化批判。

※ 含英咀华

不发展的“个人”对别人的伤害[1]

孙隆基

本节中，我们将偏重讨论不发展的“个人”对别人的损害。

1. 党同伐异

鲁迅曾经说过，中国人没有“个人的自大”而只有“合群的爱国的自大”，而后者就是

① 选自《中国文化的深层结构》(中信出版集团 2015 年版)。孙隆基(1945—)祖籍浙江，生于重庆，长在香港，在台湾接受大学教育，获台湾大学历史学硕士学位。后赴美国深造，于明尼苏达大学专攻俄国史，获硕士学位，转赴斯坦福大学专攻东亚史(期间在上海复旦大学进修一年)，获博士学位。著有《中国文化的深层结构》《历史学家的经线》等。

搞"党同伐异"。

中国人之间,树立不起"个人"的人,往往有"拉大旗做虎皮"的倾向。这种倾向,如果只是为了稳住自己,就顶多表现了自己没有"个性",还不至于损害他人。然而,如果是联群结党,排除异己,就会出现损人利己的行为,而且,还往往使社会与国家断送人才。

"党同伐异"正是这样的一个现象:一群人霸占了一些权位,为了使自己的小集团更壮大,就只援用"私人",排除"外人"。因此,他们用人的标准不是凭才干,也不是凭公平竞争,而是看对方是不是"自己人"。在一个"个人"不能树立而又必须按"亲疏有别"层次"做人"的文化中,出现这个现象是再自然不过的。

在港台的大学中,都存在这种现象。通常的情形是:院长或系主任想巩固自己的势力,形成自己的一党,因此只想培植"听话"的,也只援用"自己人"。笔者在台湾大学时,甚至还碰到这样的情形:连考博士班,也是凭几个老教授在背后先"内定",录取的则是向他们磕过头的,可以成为他们的"私人"的学生,而根本不是凭既往的成绩。

还有一种情形是:在同一个单位中,也往往会形成几个派系,互相攻讦,每一个派系就更加要援用"私人",以壮大自己的声势。

派系的形成,在美国的学术界也会出现,不过,还不至于做到使社会断送人才的程度。一般来说,如果有两个以上的人求职,资历不相上下的话,就多半会将位子给予有关系的熟人,否则,就凭"公平竞赛"。

这种倾向,在中国人的政治中自然更加严重,因为,中国人的权力结构是一元化的,而不是像西方那样搞多党政治。在后一种情形中,一个党选上了,另一个党下台了,就会名正言顺地只用自己人组阁;如果一方有人跳槽,另一方也会凭才干录用,双方都不会视之为"反骨",因此,就根本说不上"党同伐异"。

像这类"全民"的代表,其作风往往是使国家与民族断送人才,因为,他们势必只援用"自己人",并且打击异己,如果是有才干的人而不为他们所用,就更会施以打击,以免养虎为患。

比如,"四人帮"常向自己的党羽"封官许愿",然而这些党羽又是一些不中用的人,因此,如果能够上台,就会令一些跳芭蕾舞的、作曲的、考试交白卷的、只在珍宝岛打过一仗的人来充任文化、教育与军事各部门的领导。然而,如果他们手头上只有这些货色,确也是无可奈何之事。至于国家的命脉，则不在考虑之列。

京戏中有《大登殿》这一出剧目，内中描写薛平贵在做了皇帝后，就大量犒赏“自己人”，并打击以前的仇人。这种“一朝权在手，便把令来行”的作风，是十足中国人的做派。想成为“人上人”的中国人，总多少会有一点儿“大登殿”思想。

2. 中国人的“私心”

正因为在中国文化中没有开诚布公的“逐利”行为，也没有具有尊严的“逐利”方式，才会出现大家都必须把自己说得堂而皇之及纯粹“无私”的现象，正因为大家都必须把自己说得堂而皇之，纯粹“无私”的，结果，“公”与“私”的界限就不知道划在哪里，而任何人都可以假“公”之名以遂其“私”。因此，标准定到高入云端，就往往会坠入厕所中去。

中国人在“天下为公”的国有化体制下，并没有能够消除“自留地”。本着同样的“文法”，在中国人“他制他律的人格”中，也无法去除“私心”。

这一块外力控制不到，自己也控制不了的人格中的“自留地”，在海外中国人身上的表现形态，已经比国内淡薄得多，但是只要在文化上仍然是中国人，就必定会浮现。例如，西方人与日本人在过马路时有遵守红绿灯信号的习惯，然而，不少中国人，不论他是在中国香港、中国台湾或美国，就从不遵守讯号，只要没有车，也没有警察，也就不会有自觉的纪律。

往往越是提倡高入云端的“毫不利己，专门利人”，就越不能消除随地吐痰、擤鼻涕、泼污水、丢垃圾、插队、随意碰撞人等缺乏公德心的事，自然更无法防止“拉关系”“走后门”等破坏国家体制的行为。

此外，在大陆与台湾的大学中，笔者都发现：有些教授将图书馆中的珍贵典籍搬回了家，变成了他们的独家资料；有时连普通的书也省得自己去买，索性将馆藏的化为私有，而且，多半是自己不看，只是占有。

因此，孙中山才会说，中国人的“自由”太多，而不是太少。这种“自由”，当然不是指“自我组织的人格”所能享有的自由，而是指“他制他律的人格”不受控制的一面。很不幸，这种过多的“自由”，却往往必须由集权主义去对付。

但是，小百姓在公众头上倒大便的倾向，只不过是限于上述的那些小动作。大体上来说，他们是驯良的，因为外在的纪律在大的方面仍然在发生作用。然而，这样的人格，如果"一朝权在手"的话，就是不用去看也可以想象出会有什么结果。到了那个时候，既然自己是"公"的化身，因此做任何"私"事都可以说成是为了"公"。

于是，袁世凯在做了总统后，就想做皇帝，并且还要传位给儿子袁克定。至于蒋介石，虽然没有公然地做皇帝，却也做了终身总统，并且还成功地将"中华民国"传给了儿子，也是"儿子办事，老子放心"！

笔者发现，在台湾的每一个城市，都有"中正路""中山路"以及"中华路"；而最漂亮的一条总是"中正路"，其次是"中山路"；至于"中华路"，则往往处于最暗最烂之列。这个事例很具体形象化地说明："伟人"在公众头上倒大便的方式，确是不同凡响的。

中国人的这个"私心"，既然是不受任何控制的，倾向于化公为私的，因此也就往往是不识大体的。不识大体的人总是短视的，因为他只顾眼前的私人利益而不顾大局。然而，从长远来说，其后果最终会反弹回来损害自己。

在抗战期间，重庆政府治下的中国人发国难财，搞"劫收"，不只使美国盟邦皱眉，也搞到民心尽去，结果就为国民党的末运铺下了路。然而，棺材的钉子却是用自己的手敲下去的。

在解放战争时期，中国共产党也是充分地利用了国民党的"私心"。国民党本来在财力、军力方面都比共产党雄厚，然而，中央与地方各军团之间却互相倾轧，往往彼此见死不救。当南京的嫡系部队在淮海一带与解放军对峙时，桂系却在武汉拥兵自雄，还认为待嫡系部队被击垮后，就是自己一显身手之日。结果，就被解放军逐个消灭。

无独有偶，清初之所以能以三十万之众征服整个中国，也正因为南明政权内部的互相倾轧。事实上，镇守武汉的左良玉就拥兵三十万之众，然而，因为与南京的中央闹矛盾，就挥军东下进行"兵谏"，结果，自然加速了自身的灭亡。

总是必须由别人定义"自己"的中国人，一旦"他制他律"的藩篱尽去，"私心"就会像决堤一般恶性泛滥。因此，在中国文化里，"个人主义"是而且只可能是"自私"的同义词。

也正因为如此，中国人总是认为西方的"个人主义"就是"自私"的同义词。然而，我们只要分析这个观念形成的心理背景，就会发现这只是一个语义学的问题。因为，中国人对"自私"的定义即没有"人情味"——当自己需要援手时对方不予援手，在自己需要人照顾时对方不肯照顾。因此，西方人"贵客自理"的待人态度，自然完全符合这个定义。

然而，中国人的互相帮助、互相照顾却总是在“自己人”之间发生的。为了在对自己有约束力的人面前“做人”，他们就往往去损害对自己没有约束力的“外人”。像“拉关系”与“走后门”一类的“人情味”动作，正是慷“外人”之慨，以肥“自己人”的。这种“内外有别”的“做人”方式，往往就将“公家”当作了倒大便的场所。然而，整个体制都搞瘫痪了，受损的人自然也会包括自己。

的确，中国人因“他制他律”失效而造成的大环境的臭化与脏化，与“他制他律”生效而搞到每一个人都不敢有吸引力，因而造成的灰色人文景色，都是对集体有损，对个人有害的。两者都是鄙视个性、反对生命的表现。

◎ **我思我在**

1. 阅读下面的句子，说说句中“文法”一词的含义。

(1) 中国人在“天下为公”的国有化体制下，并没有能够消除“自留地”。本着同样的“文法”，在中国人“他制他律的人格”中，也无法去除“私心”。

(2) 在中国文化行为的“文法”规则中，自然每一方都期待另一方也会恪守这个观念，亦即是预期：在自己化为对方工具的同时，对方也变成自己的工具，是之为“互助”。

2. 本文选自《中国文化的深层结构》，你觉得哪些观点具有批判性？

3. 在本文所提的观点中，你认为作者是站在什么视角上说的？

“义”的变质[①]

刘再复

为了避免陷入概念的纠缠与“义利之避”的老论题之中，笔者想从我国最本真、最本

① 选自《双典批判》(三联书店2010年版)。刘再复(1941—)，福建泉州南安人，中国当代著名学者、思想家、红学家。曾任中国社会科学院中国文学研究所所长，曾在美国、加拿大、瑞典等多所大学担任过客座教授、讲座教授、名誉教授与访问学者。著有《性格组合论》《红楼四书》《传统与中国人》《放逐诸神》等。

然的“义”现象说起。可以说,在我国远古的文化艺术史上,早就有“义”的典范。这就是古代大音乐家伯牙与他的知音钟子期之间的动人友谊。这一美好的故事,已化作中华民族集体无意识的一部分。故事的记载非常简单,《吕氏春秋·本味》曰:“伯牙鼓琴,钟子期听之。方鼓琴而志在太山。钟子期曰:‘善哉乎鼓琴,巍巍乎若泰山。’少选之间,而志在流水。钟子期又曰:‘善哉乎鼓琴,汤汤乎若流水。’钟子期死,伯牙破琴绝弦,终身不复鼓琴,以为是无是复为鼓琴者。”伯牙和钟子期的友谊后来成为一种纯正情义的象征。汉代蔡邕曾作《琴操·水仙操》;明阳慎的《兰亭令》则曰:“此乃高山流水之操,伯牙复生,不能出其右矣。”无论水仙般的情操,还是高山流水般的情操,都是一种完全超越世俗利害关系的纯洁情感,这就是中国文化传统最本真、最本然的“义”。这种“义”没有任何功利性,也没有时间性,它完全超越了时空界线。所以杨倞在注《荀子·劝学篇》时特别说明:“伯牙,古之善鼓琴者,亦不知何代人。”这种“义”不知生于何代,也不知止于何代,是人类童年时期天赋的真、善、美,也是中国原始的价值理性与价值情性。这是中国“义”的原形。伯牙、钟子期这对知音的关系中没有“利”,甚至也无需契约,无需结盟,只有纯心灵的既真且美的关系。这种关系是一种自然向往,自然信赖,也是一种自然规范。它带有永恒价值永恒魅力。这两位古代音乐家的行为语言,比后代学者无数关于“义”的阐释和注疏都更有力量地说明中国“义”的“原形”是什么。这种超越任何功利的心灵纽带,这种相融相契的绝对倾慕与信赖,这种无目的(无世俗目的)的合目的性,永远不会过时。无论是中国还是人类世界,这种“义”永远是必须的。所谓讲义气,如果是指这种义,当然是需要讲的。

像伯牙、钟子期这种超越功利的义,带有普世价值。因此,无论是东方还是西方,都讲“义”,而且都把“义”当作和“利”对立的一种大范畴。不过,从大的方向上说,西方的“义”发展为“正义”,而中国的“义”则发展为“仁义”。西方的义侧重于个体的心灵原则,中国的义则着重于人际关系准则。“义”推向社会、国家层面之后,西方的政治思想指向“正义”;中国的政治思想则指向“和谐”。仁义原则使和谐理想成为可能。孟子的天才,是他在孔子的“君子小人之辩”的基础上,又提出“人兽之辩”“利义之辩”“王霸之辩”这三项伦理学的根本。古今中外,无论何国何人,皆无法逃脱这三种尺度。

从以上简略的讲述中,我们可以知道,中国的“义”,至少有两种原形,一是个人化的伯牙、钟子期式的超功利的“情义”；一是孟子提升的理想化的有别于功利的“仁义”。两者有一个共同点，就是都把“利”作为“义”的对立项。把利益原则与道义原则加以区分，也就是说，中国文化中“义”的原形是非功利的。

但是，中国的义，经历了历史风浪的颠簸之后，却逐步变形变质。发展到《三国演义》与《水浒传》，义的内涵已发生重大变化。其核心概念，变成“结义”“聚义”“忠义”。在义字前边加上一个字、一个定语，不是小事，它意味着义的内涵发生重大变化。例如宋江代替晁盖充当梁山领袖时改“聚义堂”为“忠义堂”，虽仅改了一个字，但暗示两个大原则已出现：一是宋江“只反贪官，不反皇帝”。虽揭竿而起但仍忠于皇帝。二是提示梁山起义者从今天之后不可只知上山会聚，还应当忠诚于共同的目标、共同的原则、共同的纪律，甚至共同的领袖。这个“忠”不仅表明忠于国家社稷，还表明忠于宋江这位老大哥。“忠义”在这里不仅是对个人的道德要求，而且是个人行为的规范准则。

《水浒》中的“聚义”和“忠义”，和伯牙钟子期的情义，已完全不同。无论是聚义还是忠义，都是一个夺天下、打天下的功利目标。这种义，不是超功利，而是争功利。义只是“利”的意识形态和组织原则，是保证造反队伍实现大功利目标的精神纽带。聚义往往还讲小义，既带个人情感的兄弟之义，而忠义则将大义，即讲对大功利目标的绝对忠诚。因此，当李逵怀疑宋江接近女色时，他也会为了革命大义而谴责宋江。而李逵、武松虽不赞成招安，但还是服从大局，忠于宋江的“路线”。

《三国演义》讲的则是“结义”。“结义”二字，乃全书的核心价值观念。“结义”也包含着“忠义”，但重心是“结”，即结盟。如关、张的“桃园三结义”，首先是一种结盟，即组织；然后又是一种盟约，即组织原则。而其盟约的目标是谋大事，正如张飞在举行结拜仪式之前所言：“吾庄后有一桃园，花开正盛；明日当于园中祭告天地，我三人结为兄弟，协力同心，然后可图大事”，而刘备、关羽也齐声应曰：“如此甚好。”而次日他们宣誓的盟约内容也与此相应：“念刘备、关羽、张飞，虽然异姓，既结为兄弟，则同心协力，救困扶危；上报国家，下安黎庶。不求同年同月同日生，只愿同年同月同日死。皇天后土，实鉴此心。背义忘恩，天人共戮。”桃园这一盟约，影响中国近两千年，后来它一直成为中国民间帮会和其他秘密组织的组织原则和伦理原则，一旦“背义忘恩”，不仅违反了组织原则，而且也违背伦理原则。立下原则时是向天发誓的，所以一旦有违，便违背人理，又违背天理，于是，便有“天人共戮”的理由，“桃园三结义”就这样成为中国社团的组织模式和伦理模式，我们不妨称之为桃园组织模式和桃园伦理模式。

桃园模式讲的是兄弟伦理，宣示的是兄弟结盟，图谋的是天下“大事”。它所以能在后代产生巨大影响，是因为它反映了中国下层社会的生存需求。中国的上层社会，特别是贵族官僚社会，讲的不是兄弟伦理，而是君臣伦理，是上等人和下等人严格区分的伦理。在这种伦理中，只有“君为臣纲”的秩序，没有平等。“桃园三结义”的兄弟伦理，把异姓的兄弟之情放到至高无上的地位，体现下层社会的平等要求。不管参加结义的人原来是什么出身，什么地位，一旦结盟，就放下等级差别，尊卑差别，一律视为兄弟。在等级森严的封建社会中，义打破了等级，使人获得了一种平等地位，实际上也获得了一种生命尊严与生命护卫，因此“桃园三结义”的文本中，刘备直接表明：兄弟如手足，妻子如衣服。妻子随时可以抛弃，但兄弟不可丢掉，两种永远如手足相连。在儒家“三纲”的伦理规范中，有君为臣纲、父为子纲、夫为妻纲，但没有兄为弟纲。也就是说，君臣、父子、夫妻有上下尊卑的不平等关系，但兄弟关系则没有上下尊卑之分。中国的兄弟伦理特别发达，乃是下层社会逃脱三纲伦理罗网的需要。“桃园三结义”使兄弟伦理获得一种组织性的存在形式，在这一意义上，结义是可以理解的。

但是，历史不断证明，结义——兄弟之盟并不可靠。因为“义”最后总是受到利的考验。当兄弟全都处于贫困与患难时，也就是“利益”并不突出时，平等关系是可以维持的。然而，一旦“利”字凸显，共图的大业成功，新的权力关系——不平等的关系，必定要取代兄弟关系——平等关系，否则权力结构就无法维持。像朱元璋、李自成、洪秀全等，他们起事时与周围共图大业的骨干自然都称兄道弟，而一旦事成而称帝，原先的兄弟便成了臣子，照样得跪拜三呼万岁。许多“兄弟”成了臣子之后被怀疑、被诛杀，其中有一个重要原因，是这些当了臣子的兄弟忘记时过境迁，关系发生质变，今非昔比，往日的兄弟之义已不复存在，眼前的真实是君臣秩序，企图用过去的兄弟伦理来扰乱现在的君臣伦理，便是犯上作乱，便是大罪当诛。许多新王朝的功臣沦为悲剧人物，说明“义”是脆弱的，“结义”的盟约形式是不可靠的；也说明“义”是会变的，它不具有绝对性。

“结义”有其合理的一面，可以理解的一面，但也有不合理的一面。其不合理性，关键是“结义”没有爱的普遍性，或者是，没有关怀与责任的普遍性。如果我们采用社会上的习俗语言表达，那么，无论是“桃园”还是梁山，都只是“团伙”，不是社会。结义、聚义的结果，是团伙取代社会，团伙的利益高于一切，大于一切，当然也大于社会利益。所谓“义”，只是团伙原则，并非社会原则。入伙才享有“义”的保护。对于水浒梁山，一百零八将之内，才是兄弟，才有“义”字可言，一百零八将之外，则无“义”可言。鲁迅批判赛珍珠把《水浒传》译为《四海之内皆兄弟》不妥。就因为水浒英雄恰恰不讲五湖四海，恰恰未把普天之下视为兄弟，恰恰内外有别。一百零八之内可讲义气，一百零八之外可杀、杀、杀。凡“结义”者，最重要的就是要讲内外有别，团伙之内与团伙之外两重天。义在内，不在外，团内家族与团外异族不可混淆。禅宗所讲的不二法门，佛教所讲的无分别心，离“结义”原则最远。

◎ **我思我在**

1. 读了论著之后，你怎样看待《水浒传》？请在合适的选项前面打“√”号。

□ 赞同刘再复对《水浒传》的看法，作品宣扬暴力，毒害已久。

□ 不认同刘再复，作品十分精彩，不能以今天标准苛求古人。

□ 不清楚。

2. 凤凰网读书频道《读药》周刊倡导“有阅读，有思考。有见解，有生活。在茫茫的大时代里，用阅读治愈心灵”。有书评人对《双典批判》作出如下点评语：三国加水浒，一对“大毒草”。

当你读了《双典批判》后，你想写一句什么评语？

3. 刘再复先生笔下的“义”的内涵结构，可用下图表示：

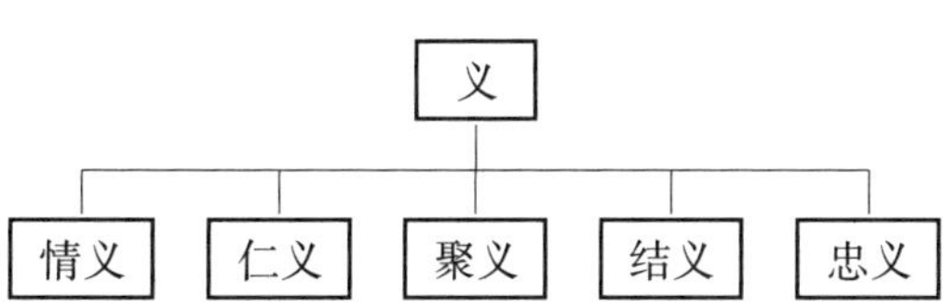

请结合图示，说说刘再复先生是如何对《水浒》中的“义”加以批判的？

◎ **专题研讨**

刘再复先生认为，《水浒传》和《三国演义》最大的问题，一是暴力崇拜，一是权术崇拜。它们影响和破坏了中国的人心，化作中国人的潜意识，正是中国人的地狱之门。而子遇对此提出了异议。请认真阅读下面的文字，想一想，你赞同哪一种说法，并从大传统与小传统的角度展开分析。

即使是承认《水浒传》与《三国演义》这两部经典在一定程度上影响了我们的国民性，但就影响的程度而言，笔者亦远没有作者乐观，在这里就不可避免地要引出大传统与小传统这组相对的概念来。限于书评的风格与篇幅，笔者在此只能简单介绍。大传统与小传统是美国人类学家罗伯特·雷德菲尔德(Robert Redfield)在1956年出版的《农民社会与文化》一书中提出的一种二元分析的框架，用来说明在复杂社会中存在的两个不同文化层次的传统。大传统是指以城市为中心，社会中少数上层人士、知识分子所代表的文化；小传统是指在农村中多数农民所代表的文化。霍氏注重于强调二者之间的差异性，把二者置于对立面，认为小传统处于被动地位，在文明的发展中，农村不可避免要被城市同化。将此一相对的概念引入中文学界而言，台湾的李亦园教授功不可没，他将此一概念运用于中国文化的研究，并将其相应的转换为雅文化与俗文化，具体可参见氏著《文化与行为》一书(台北商务印书馆1992年版)。有关此大、小传统的讨论学界相当热烈，暂且不多做阐述，但在笔者看来，在此借用这组概念来区分《水浒传》与《三国演义》在大、小传统中的传播与影响，对于我们厘清双典是否果如刘先生所讲为"统治与危害我们国民性的文化层面"的罪魁祸首，相当具有借鉴意义。不可否认在中国传统社会，确实有一批本属大传统的读书人对于《水浒传》与《三国演义》的传播与影响产生了相当重要的作用，也正因为这批读书人的介入，比如作者书中所列举的李贽与金圣叹等人，才使得双典得以列入今日我们所津津乐道的四大名著中来。但这样的联系放置于以四书五经为官方意识形态与入仕资格的大传统背景下，可以讲相当微不足道，如果再注意到李、金二人在大传统中所处的相对边缘的地位的话，则即使是上文所讲的"微不足道"，也要再大打折扣了。至于讲在大传统中不乏运用双典的"暴力崇拜"与"权利崇拜"者，在笔者看来就实质影响而言同样不能高估，此点下文会有阐述，此处暂且不论。如果进一步考虑到《水浒传》与《三国演义》均是由历代民间的话本与传奇不断演变而最终得以成型这一事实，我们今日客观而论，相对于大传统，双典的传播与影响，更多的是在小传统中进行与扩展的。从作者以“国民性”着眼来探讨这个问题，也不难看作者是在充分肯定小传统在此一过程中的作用的。因乎此，则可以讲双典——《水浒传》与《三国演义》——其自身即为小传统的产物，而其所能直接影响的，更多的也是小传统。

（子遇《专制之弊与“双典”何干？》）

※ 实践笃行

薪尽火传

——中国宋朝学术地图导航

如果说春秋战国时期是中国文明的第一个浪潮，那么宋朝则是中国文明的第二个浪潮。宋朝是当时世界最先进、最文明、最发达的国家，理学、文学、史学、艺术以及科学技术领域硕果累累。中国古代四大发明，宋朝占了三大（活字印刷、指南针、火药）；唐宋八大家，宋朝占了六位（欧阳修、苏洵、苏轼、苏辙、王安石、曾巩）。宋朝是个群星荟萃的朝代，出现了朱熹、欧阳修、苏东坡、司马光、寇准、范仲淹、王安石、岳飞、沈括、包拯、李清照、辛弃疾、文天祥等一大批在中国史乃至世界史中光彩夺目的人物。宋朝因为极其重视文教，学术文化成就极高，中国文化至此更趋精深成熟，所以各方面的人才不断井喷。难怪明人宋濂说：“自秦以下，文莫盛于宋。”

其实，在宋朝，我国出现了很多地域性学派，这些学派塑造了不同区域的文化，至今影响着人们的思想。那么，宋朝有哪些地域性学派？这些学派都有哪些代表人物？他们各有什么思想主张？

为了更好地开展活动，我们要做好如下准备：

1. 上网观看纪录片《大宋》，了解宋朝的政治、经济、文化情况；

2. 上网观看纪录片《南宋》，感受“遥望中原”“临安梦华”“诗词流域”“宋画江山”“戏文南北”“发明时代”中的学术影子。

全景：四学竞彩

周敦颐与濂学：在古代，依山林借静读书，择胜地纳徒讲学，是很多儒者的梦想。北宋哲学家周敦颐，对庐山情有独钟。自从他第一次游览庐山，便有了一见钟情之感，庐山清幽的环境，令平生恋慕自然的周敦颐念念不忘，以至在为官之时，就打算离开官职后，终老于庐山这青山绿水间。果不其然，在周敦颐告老辞官后，他并没有还乡湖南，而是留在了庐山莲花峰下。他凿池种荷，开讲授徒，建立了供读书讲学之用的濂溪书院，因此周敦颐也被后世称为“濂溪先生”。周敦颐在庐山莲花峰，完成了宋代理学的奠基之作《太极图说》和《通书》，并且培养出了程颢和程颐这两位理学鸿儒，日后更是得到了朱熹等人的顶礼膜拜，被后世称为理学的开山鼻祖。

二程与洛学：北宋时期，在河洛大地上有两位同胞兄弟，仰观天象识天理，俯察人世思兴替，创立了博大精深、影响深远的洛学，在中国文化史、哲学史上竖起了新的丰碑。他们就是被称为一门两学士，集哲学家、教育家于一身的程颢、程颐。程颐、程颢在九皋山旁、伊水之滨创办了伊皋书院，著书立说，收徒讲学，一生穷理识仁。二程创立的天理论哲学，以天理作为宇宙万物统一的基础，强调天人合一，万物一体，丰富了中国哲学的辩证思维内涵；二程理学中的崇尚气节、克己为公、重理性自觉、持中通变思想，已作为中华文化的重要组成部分，融入中华民族精神和伦理道德之中。

张载与关学：北宋思想家、教育家、理学创始人之一张载在关中大地创立了“关学”。张载继承和发挥了孔子教育思想，在关中兴教，使“关学”大盛，以德育人，使学者辈出，关中民风为之一变。他认为生在世上，就要尊顺天意，立天、立地、立人，做到诚意、正心、格物、致知、明理、修身、齐家、治国、平天下，努力达到圣贤境界。关学的主旨，集中体现在“横渠四句”中：“为天地立心，为生民立命，为往圣继绝学，为万世开太平。”

朱熹与闽学：“春秋出孔子，南宋有朱熹。中国古文化，泰山与武夷。”朱熹和武夷山有着解不开的渊源。这位开创了一整套哲学体系的理学大家、文化巨匠，在这片山水间度过了整整半个世纪的时光。朱熹在隐屏山下，指挥工匠开建他亲自构思好的“武夷精舍”。朱熹将《大学章句》《中庸章句》《论语集注》《孟子集注》四书合刊，“四书”之名才第一次出现在经学史上。作为元明清科举制度的标准教材，它不但被治国者奉为根本，也被社会各色人等视为处世标准。朱熹是“二程”的三传弟子李侗的学生，与二程合称“程朱学派”。朱熹的理学思想成为元、明、清三朝的官方哲学，是中国教育史上继孔子后的又一集大成者，称为“朱子”。

学习任务单

1. 宋朝四大学派，有怎样的师承关系？

2. 有人说，儒家像一座大房子，孔子打地基，董仲舒砌墙，朱熹封屋顶。你觉得这种说法有道理吗？

■ 聚焦：双江并流

象山学派：南宋时期，陆九渊在江西贵溪象山创建的一个理学学派——象山学派，又称“陆学”“心学”。陆九渊之学远承孟子“尽心”说，近取程颢“心是理”命题，初步建立起了宋明理学中的“心本论”的哲学体系。

金华学派：南宋理学家吕祖谦在浙江金华丽泽书院创立了“金华学派”，又称“婺学”。尽管吕祖谦一生屡遭不幸，但在学业上体现的那种宽宏函容和兼收并蓄的精神，仍使他独树一帜，成为南宋一位重要学者和思想家。“朱学以格物致知，陆学以明心，吕学则兼取其长”，兼收并蓄是吕祖谦的风格和为学特点。

湖湘学派：湖湘学派起于北宋湖南道州人周敦颐，其以宋明理学开创者，而学义励于湖湘。至南宋年间，因著名学者胡安国、胡宏、张栻等人在湖南讲学著述，弟子千人，使得湖湘学派规模形成。后历“朱张会讲”、朱子岳麓中兴，使得湖湘之学，名扬于当时。岳麓书院和石鼓书院是湖湘学派的两个中心。

永嘉学派：永嘉学派又称“事功学派”“功利学派”，是南宋时期叶适在浙东永嘉（今浙江温州）地区创立的、提倡事功之学的一个儒家学派，是南宋浙东学派中的一个先导学派。在哲学思想上，永嘉学派认为充盈宇宙者是“物”，而道存在于事物本身（物之所在，道则在焉）；提倡功利之学，反对虚谈性命。永嘉学派曾与理学派、心学派鼎足而立。

永康学派：永康学派是南宋以陈亮为代表的学派。陈亮在婺州永康（今浙江永康）

五峰书院讲学，四方学子慕名而来。学者称陈亮为龙川先生，故亦称龙川学派。此派主张“义利双行”“王霸并用”的事功之学。

鹅湖之会：为了调和朱熹“理学”和陆九渊“心学”之间的理论分歧，使两人的哲学观点“会归于一”，南宋淳熙二年(1175 年)六月，吕祖谦出面邀请陆九龄、陆九渊兄弟前来与朱熹见面。六月初，陆氏兄弟应约来到鹅湖寺，双方就各自的哲学观点展开了激烈的辩论，这就是中国思想史上著名的“鹅湖之会”。

学习任务单

1. 南宋的学术中心主要集中在长江流域，也就说，和以前相比，学术中心出现了南移的趋势。请您探究一下，可能有哪些原因?

2. 南宋定都临安，请你在地图上量一下，从临安(今浙江杭州)分别到浙江永康、浙江金华、浙江永嘉、江西贵溪、湖南长沙的距离，然后根据比例尺算出实际距离，最后分析一下在马驰舟行的年代文化辐射的可能半径。

■ 遗风：四大书院

应天书院：应天书院位于河南省商丘古城南湖畔，以其历史悠久、规模宏大、影响深远、人才辈出而居“四大书院”之首。北宋初期，书院出现了“远近学者皆归之”的盛况，逐渐成为学术中心。随着晏殊、范仲淹等人加入，应天书院逐渐发展为北宋最具影响力的书院。“聚学为海，则九河我吞，百谷我尊；淬词为锋，则浮云我决，良玉我切”，范仲淹的《南京书院题名记》反映了当年应天书院的博雅学风和恢弘气势。北宋大中祥符二年(1009 年)，宋真宗赐“应天府书院”额。庆历三年(1043 年)，诏赐应天府书院升格为南京国子监。

岳麓书院：岳麓书院位于湖南省长沙市岳麓山脚，为全国四大书院之一。乾道元年(1165 年)湖南安抚使知潭州刘珙重建岳麓书院，延聘著名理学家张栻主教，加强了岳麓书院在南宋教育和学术上的地位；乾道三年(1167 年)，朱熹来访，与张栻论学，开书院会讲之先河，由此形成以“朱张之学”为正宗的学术传统。后人所撰的“惟楚有才，于斯为盛”生动概括了人才鼎盛的局面。祥符八年(1015年),宋真宗赐“岳麓书院”额。

白鹿洞书院: 白鹿洞书院又称白鹿书院,位于江西省九江市庐山五老峰南麓,是中国首间完备的书院,享有“海内第一书院”之誉。南唐时建成“庐山国学”,是中国历史上唯一的由中央政府于京城之外设立的国学。宋代理学家朱熹筹款建屋、聘请名师、亲任洞主,制定了“博学之、审问之,慎思之,明辨之,笃行之”等教规,白鹿洞书院因而名声大振,成为宋末至清初数百年中国一个重要文化摇篮。南宋淳熙六年(1179年),宋孝宗赐“白鹿书院”额。

嵩阳书院: 嵩阳书院位于河南省登封市嵩山南麓,背靠峻极峰,面对双溪河,因坐落在嵩山之阳而得名。范仲淹、司马光、程颢、程颐、杨时、范纯仁等名儒先后在此讲学,成为宋代理学的发源地之一。司马光的巨著《资治通鉴》第九卷至二十一卷就是在嵩阳书院完成的。宋景祐二年(1035年),赐名“嵩阳书院”。

学习任务单

1. 一个地方的文化能辐射邻近地区,在时间上能产生持久的影响。请您分析一下,以下这些大师分别诞生在什么学派(或书院)所在的区域?

曾国藩　于右任　陈寅恪　南怀瑾

2. 你所在的地方或邻近的地方有没有书院,请你进行探访,写一则推荐语。

薪传:一脉相承

中国一直延续了自身的文脉与传统,可是有日本学者却说:“崖山之后无中国,明朝之后无华夏。”你同意这种说法吗?请从学术的角度,谈谈你的看法。

活动自检

自 检 项 目	学习任务细目	权 重	自 评
活动准备	上网观看纪录片《大宋》《南宋》，了解宋朝的政治、经济、文化情况。	20分	
全景：四学竞彩	学习任务单内每项活动各10分。	20分	
聚焦：双江并流	学习任务单内每项活动各10分。	20分	
遗风：四大书院	学习任务单内每项活动各10分。	20分	
薪传：一脉相承	请从学术的角度，谈谈你对“崖山之后无中国，明朝之后无华夏”这句话的看法。	20分	

专题 5

光风霁月

——教育类论著选文研读

教育的实质是人性教育。教育类论著文本研读，主要是通过读这类论著，学习作者的学术表达和能力，即在关注教育话题的过程中，生成教育话题的关注点、问题点、质疑点，并结合现实，探讨个人与社会价值实现的改进方式。教育类论著文本研读，旨在拓展教育视野，提升人性境界，涵养人文精神，塑造理想人格。

在本专题的学习中，我们研读王国维先生的《论教育的宗旨》和怀特海先生的《教育的目的》。前者是中国学者对教育宗旨的论述，后者是外国学者对教育目的的思考。思考教育的宗旨或教育的目的，事关培养什么人，以及他们如何塑造这个世界。

※ 含英咀华

论教育之宗旨[①]

王国维

教育之宗旨何在？在使人为完全之人物而已。何谓完全之人物？谓人之能力无不发达且调和是也。人之能力分为内外二者：一曰身体之能力，一曰精神之能力。发达其身体而萎缩其精神，或发达其精神而罢敝其身体，皆非所谓完全者也。完全之人物，精神与身体必不可不为调和之发达。而精神之中又分为三部：知力、感情及意志是也。对此

① 选自郑振铎《晚清文选》(上海书店 1987 年版)。王国维(1877—1927)，初名国桢，字静安，亦字伯隅，初号礼堂，晚号观堂，又号永观，谥忠悫，浙江海宁人，是中国近、现代相交时期一位享有国际声誉的学者。他自辟户牖，成就卓越，贡献突出，在教育、哲学、文学、戏曲、美学、史学、古文学等方面均有深诣，著有《人间词话》《曲录》《观堂集林》等。

三者而有真美善之理想：真者知力之理想，美者感情之理想，善者意志之理想也。完全之人物不可不备真美善之三德，欲达此理想，于是教育之事起。教育之事亦分为三部：智育、德育（即意志）、美育（即情育）是也。如佛教之一派，及希腊罗马之斯多噶派，抑压人之感情而使其能力专发达于意志之方面；又如近世斯宾塞尔之专重智育，虽非不切中一时之利弊，皆非完全之教育也。完全之教育，不可不备此三者，今试言其大略。

一、智育

人苟欲为完全之人物，不可无内界及外界之知识，而知识之程度之广狭，应时地不同。古代之知识至近代而觉其不足，闭关自守时之知识，至万国交通时而觉其不足。故居今之世者，不可无今世之知识。知识又分为理论与实际二种；溯其发达之次序，则实际之知识常先于理论之知识，然理论之知识发达后，又为实际之知识之根本也。一科学如数学、物理学、化学、博物学等，皆所谓理论之知识。至应用物理、化学于农工学，应用生理学于医学，应用数学于测绘等，谓之实际之知识。理论之知识乃人人天性上所要求者，实际之知识则所以供社会之要求，而维持一生之生活。故知识之教育，实必不可缺者也。

二、德育

然有知识而无道德，则无以得一生之福祉，而保社会之安宁，未得为完全之人物也。夫人之生也，为动作也，非为知识也。古今中外之哲人无不以道德为重于知识者，故古今中外之教育无不以道德为中心点。盖人人至高之要求，在于福祉，而道德与福祉实有不可离之关系。爱人者人恒爱之；敬人者人恒敬之。不爱敬人者反是。如影之随形，响之随声，其效不可得而诬也。书云："惠迪吉，从逆凶。"希腊古贤所唱福德合一论，固无古今中外之公理也。而道德之本原又由内界出而非外铄我者。张皇而发挥之，此又教育之任也。

三、美育

德育与智育之必要，人人知之，至于美育有不得不一言者。盖人心之动，无不束缚于一己之利害；独美之为物，使人忘一己之利害而入高尚纯洁之域，此最纯粹之快乐也。孔子言志，独与曾点；又谓兴于诗，成于乐。希腊古代之以音乐为普通学之一科，及近世希痕林、敬尔列尔等之重美育学，实非偶然也。要之，美育者一面使人之感情发达，以达完美之域；一面又为德育与智育之手段，此又教育者所不可不留意也。

然人心之知情意三者，非各自独立，而互相交错者。如人为一事时，知其当为者知也，欲为之者意也，而当其为之前又有苦乐之情伴之：此三者不可分离而论之也。故教育之时，亦不能加以区别。有一科而兼德育智育者，有一科而兼美育德育者，又有一科而兼此三者。三者并行而得渐达真善美之理想，又加以身体之训练，斯得为完全之人物，而教育之能事毕矣。

◎ **我思我在**

1. 阅读全文，梳理内容，列出提纲。

2. 马克思在《1844年经济学哲学手稿》中首次提出“完整的人”的概念，认为最终要实现“人的自由而全面的发展”。请你结合文本，说说马克思与王国维的教育思想的相同之处。

3. 鲁迅在《文化偏至论》中提出：“角逐列国是务，其首在立人，人立而后凡事举；若其道术，乃必尊个性而扬精神。”鲁迅与王国维的教育思想有什么不同？

教育的目的[①]

怀特海

在学习中，不存在一种课程仅仅传授普通文化修养知识，而另一种课程仅仅传授专业知识。为普通文化修养教育而设置的科目，都是需要专门学习的特殊课程；另一方面来说，鼓励一般心智活动的方式之一，就是培养一种专门的爱好。不可能把这种浑然一体的学习过程进行分割。教育所要传达的是对思想的力量、思想的美妙和思想的逻辑的一种深

① 选自《教育的目的》（文汇出版社2012年版）。庄莲平、王立中译注。阿尔弗雷德·诺夫·怀特海（1861—1947），英国数学家、哲学家和教育理论家。先后任教于英国剑桥大学、美国哈佛大学。他与伯特兰·罗素合著的《数学原理》标志着人类逻辑思维的巨大进步，是伟大的学术著作之一。他创立了20世纪最庞大的形而上学体系，是“过程哲学”的创始人。

刻的认知，以及一种特殊的知识——这种知识与知识的习得者的生活有着特殊的关系。

对思想的逻辑的欣赏，是有教养的心理的一种表现，这是在一种专门学习之后才可能具备的一种能力。这种能力是这样的一种洞察力，既有全局观，有通盘认识；又能看到一组思想与另一组思想之间的联系。只有通过专门学习，人们才能欣赏一般思想的确切表达，领会这些思想被表达时它们之间的相互联系，以及领会它们对理解生活的帮助。在抽象思维的理解中和对具体事实分析中，人们的思维能力经受了训练，经过如此训练的大脑的思维能力，既能极为抽象，又能极为具体。

最后，我们必须培养所有精神品质中最难得的一点——对风格的鉴赏。这是一种对风格的感知——一种审美感——对一个可被预见的结果的不由自主地、发自内心地赞美。艺术的风格、文学的风格、科学的风格、逻辑的风格、实践的风格都有同样的美学特质，即实现和约束。对学科本身的热爱，不是在反复思考中那种让人昏昏欲睡的快感，而是对在学习中展现出来的清晰的风格的热爱。

这样，我们就又回到了我们开始的地方，即教育的功用。风格，按其最美好的意义，就是最终获得有教养的心智，风格是最有用的东西。它无所不在。有风格的管理人员讨厌浪费，有风格的工程师尽可能地节约原料，有风格的工匠更喜欢创造精美的作品。风格是人类精神世界最后的道德归宿。

但是在风格之上、知识之上，还有一样模糊的东西，就像希腊众神之上的命运般捉摸不定的东西一样，那就是力量。风格是力量的形成形式，是对力量的约束。但是，毕竟达到预期目标的力量是最为根本的。首先要达到目标。不要为你的风格所困扰，而要去解决你的问题，证明上帝给予人类的方式是正确的，去履行你的职责，或者去完成摆在你面前的任何其他任务。

那么风格能够帮助你什么呢？有了风格，你可以避开细枝末节的东西，直达目标，而不会生出一些令人不快的插曲；有了风格，你可以达到你的本来目标，而不会是其他东西；有了风格，你可以预见你的行为的效果，而远见是神赐予人类的最后礼物；有了风格，你的力量得到提升，因为你的思想不会被一些不相干的事务所打扰，你就能更专心于你的目标。但，风格是专家独享的特权。谁听说过业余画家的风格？谁听说过业余诗人的风格？风格是专业化学习的产物，是专业化对文化的特殊贡献。

◎ **我思我在**

1. 在选文中，怀特海是如何论述教育目的的？请画出思维导图。

2. 怀特海曾说："学生是有血有肉的人，教育的目的是为了激发和引导他们的自我发展之路。"选文中哪句话能印证这句话？依据是什么？

3. 怀特海认为"风格是人类精神世界最后的道德归宿"，你认同这种观点吗？请说出你的理由。

◎ **专题研讨**

关于教育的目的，你还知道哪些人的论述？请你推荐一部学术论著。

※ 实践笃行

文化互渗

——中学生留学现象面面观

同学们，你们知道"中国留学生之父"是谁吗？他就是容闳。容闳是广东香山人，七岁就进入澳门马礼逊学堂读书。1842年，香港割让给英国，马礼逊纪念学校迁往香港，容闳也随之迁往香港继续学业。1846年，马礼逊纪念学校校长勃朗因病准备返美，临行前表示愿意带几名学生一同赴美留学。第二年，勃朗返回美国，离开时带同容闳、黄宽及黄胜三人前往美国留学。容闳进入麻省之孟松预备学校就读。1850年考入耶鲁学院，是首位在耶鲁就读的中国人。1868年，容闳向清政府提出选派幼童出洋留学的建议，两年后获得朝廷的批准，容闳组织了第一批官费幼童赴美留学。容闳成为中国留学事业的先驱。

一部中国现代化史，其实就是一部留学史。今天的中学生留学与清朝的幼童留学有什么不同？你如何看待中学生留学？且让我们一起从不同的侧面了解、思考今天的中学生留学现象。

为了更好地开展活动，我们要先做好如下准备：

1. 借阅容闳的《西学东渐记》，了解容闳的传奇经历；

2. 上网搜索当年的《中国留学发展报告》，从中找到观察留学问题的若干视角。

活动一：从“文化借鉴”的角度看中学生留学现象

近年来，得益于中国经济的飞速发展和中国家庭对于教育的重视，出国留学已成为中国学生的重要选项。中国与全球化智库研究编著、中国社科院社科文献出版社出版的国际人才蓝皮书《中国留学发展报告（2016）》指出，2015 年，中国在海外留学的学生达到 126 万人，约占世界国际留学生总数的 25％。同年，来华留学的外国学生总数达 39.76 万人，约占国际留学生总数的 8％。专家指出，“走出去”和“引进来”的人才双向流动是国家发展的必然趋势，有利于中国越来越深入地融入全球化发展进程。

《中国留学发展报告（2016）》也指出，中国学生出国留学低龄化趋势越来越明显。以美国为例，2014—2015 学年，在美中国留学生的本科生人数首次超过研究生人数。同时，越来越多的学生倾向于更早地走出去。根据 2015 年美国国土安全部发布的数据，近 5 年，赴美就读初高中的中国留学生数量增长近 3 倍，其中最小的学生仅有 10 岁。

在你看来，中学生留学有什么好处？请你阅读表达中西差异的三张图片，然后加以概括。

面对问题

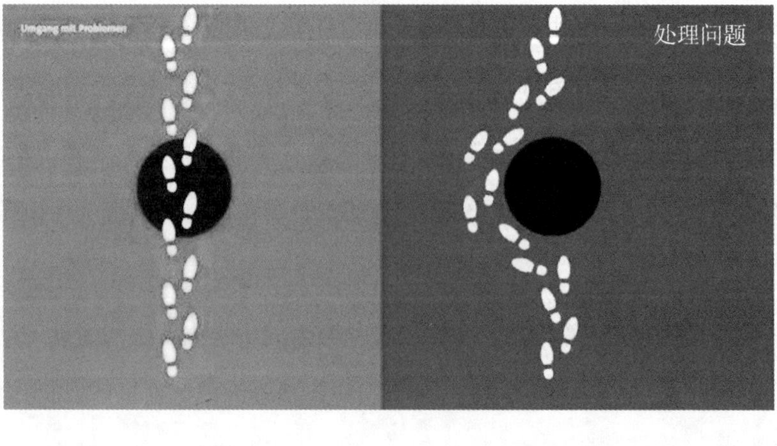

对于守时

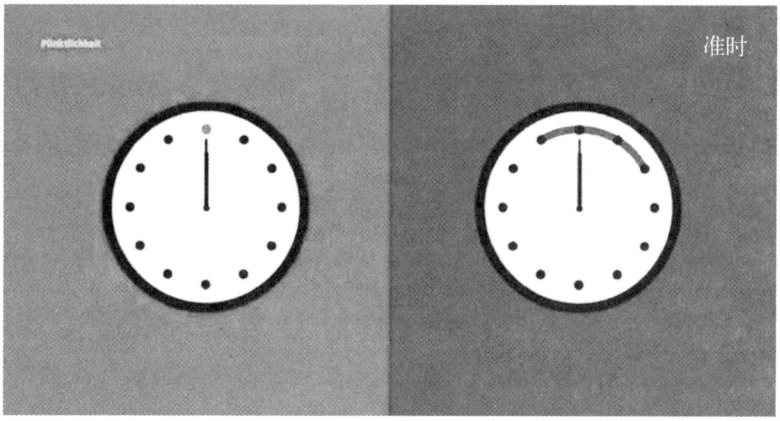

对于排队

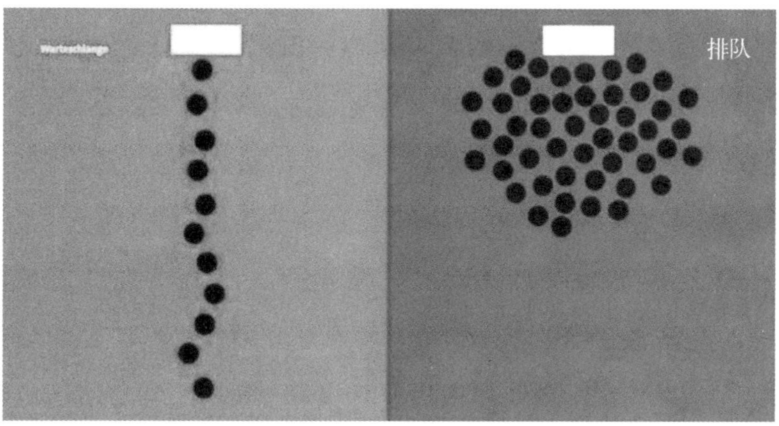

中学生留学的好处：

1.

2.

3.

活动二：从“文化互补”的角度看中学生留学现象

随着中国开放程度越来越高，人们对外部世界的了解逐渐加深，很多家长希望孩子从小就能接受国际化的教育，进而打开国际化的视野，因此选择在孩子年龄较小的时候就送出国，有条件的还会去陪读。

国际教育在中国的普及程度越来越高，高净值人群的主流价值观逐步趋于接受低龄化国际教育，未来到国外读中学的学生将继续保持高速增长。以加拿大为例，2016 年申请留学的学生中有超过 30％是申请入读加拿大的中小学。

请你阅读表达中西差异的三张图片，说一说中学生留学可以看到哪些在中国难以看到的风景。

关于自我

人际关系

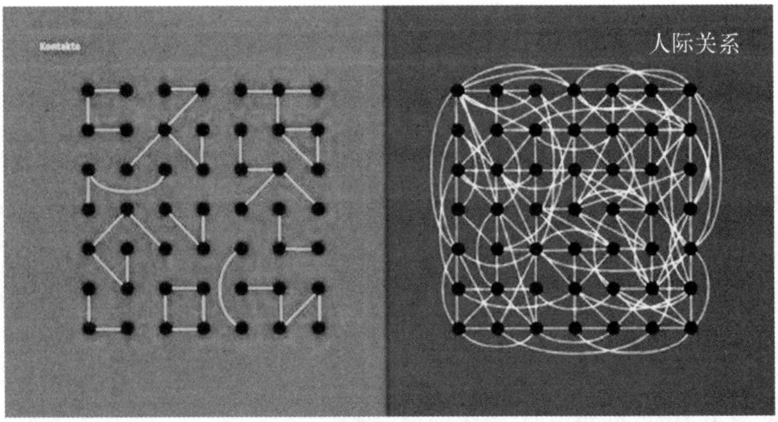

周末街景

中学生可以在外国看到如下风景：

1.

2.

3.

活动三：从“文化传播”的角度看中学生留学现象

中国有坚定的道路自信、理论自信、制度自信，其本质是建立在5 000多年文明传承基础上的文化自信。我们从“留学”一词的本义说起。

“留学”一词的起源最初可追溯到古代的日本，当时“留学”一词实为“留学生”的简称。唐朝国力强盛，政治、经济、文化及对外交流等各方面都特别繁荣，邻国纷纷慕名而来，差派其外交使节前来交流学习，以示友好。在众多国家中，日本政府派遣的外交使节次数最多。据记载，日本政府为努力吸收中国先进的科技和文化，曾13次派“遣唐使”来中国。“遣唐使”在中国停留的时间一般不超过两年，两年的时间不能满足日本人全面深入学习吸收唐朝先进文化的需要。因此，日本政府再次派“遣唐使”时增加了“还学生”和“留学生”。这就是“留学生”的起源，我们今天谈到的“留学生”就是当时遣唐使回到日本后依然留在中国学习的学生。后来，“留学生”这个词就一直沿用下来，其语义也有了变化发展：凡是留居外国学习或研究的学生，都称作“留学生”。

留学生是文化传播的使者。请你再次阅读表达中西差异的三张图片，说一说到外国留学的中学生,可以把自己的哪些文化传播出去?

关于聚会

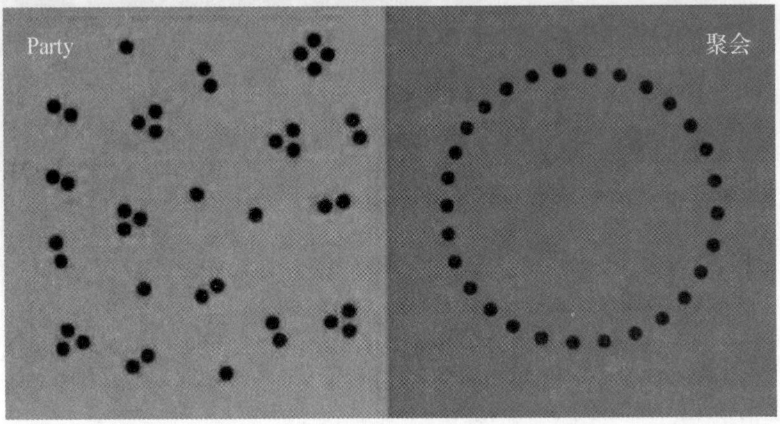

生活方式

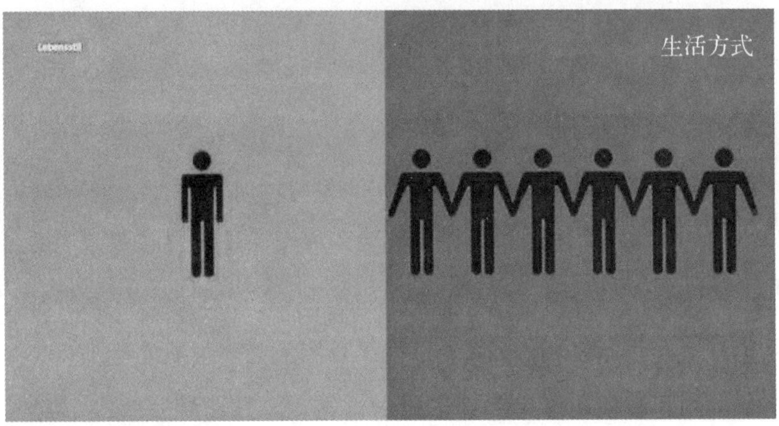

对待阳光

留学外国的中学生，可以把中国的哪些文化传播出去？

1.

2.

3.

活动四：中学生留学之我见

有人说，中学生留学是经济全球化的产物；有人说，中学生留学并不稀奇，清朝就有幼童留美；还有人说，中国高等教育不理想，使很多中学生用脚投票。对此，你怎么看？

活动自检

自检项目	学习任务细目	权重	自评
活动准备	1. 借阅容闳的《西学东渐记》，了解容闳的传奇经历； 2. 上网搜索当年的《中国留学发展报告》，从中发现观察留学问题的若干视角。	20分	
活动一：从“文化借鉴”的角度看中学生留学现象	请阅读表达中西差异的三张图片，然后概括出中学生留学的好处。	20分	
活动二：从“文化互补”的角度看中学生留学现象	请你阅读表达中西差异的三张图片，说一说中学生留学可以看到哪些在中国难以看到的风景。	20分	
活动三：从“文化传播”的角度看中学生留学现象	请你再次阅读表达中西差异的三张图片，说一说到留学外国的中学生，可以把中国的哪些文化传播出去？	20分	
活动四：中学生留学之我见	说出对“中学生留学”的看法。	20分	

专题 6

曲院风荷

——艺术类论著选文研读

艺术是美，美也是艺术。自脱离哲学之后，艺术美学自成一家。艺术类论著文本研读主要阅读艺术类论著，从中借鉴学术规范和道德。研读艺术类论著，重在感知艺术之美，感受艺术作品的意蕴，感悟艺术作品背后的美的缘由。研读时，一方面感知作者打通古今的研究功力，一方面要贴近作者笔灵心慧的艺术气息。

在本专题的学习中，我们研读胡晓明的《万川之月》和朱良志的《曲院风荷》两部论著。前者从新的角度来解读中国山水诗，不仅把山水诗作为精妙优美的语言文字或风景画来看待，更重在探究山水诗中所表现的中国文化的心灵境界，后者重点不在对具体的艺术理论进行推演，而是意在打通艺术理论经和具体艺术之间的通道，到鲜活的艺术之中，去寻找理论的“歇脚处”。

※ 含英咀华

烟雨苍凉[1]

胡晓明

雨中愁

倘若要从所有的感伤意象中，拈出一个优美、典型的意象，最容易想到的就是“雨”。

---

① 选自《万川之月》(北京大学出版社 2005 年版)。胡晓明(1955—)，中国当代学者，四川成都人。师从王元化教授，现任中国古代文学理论学会会长，华东师范大学中文系教授、博士生导师、古典文学教研室主任、文学研究所所长。著有《中国诗学之精神》《万川之月：中国山水诗的心灵境界》《灵根与情种：先秦文学思想研究》等。

现代诗人戴望舒，被人称为“雨巷”诗人，那一首“撑着油纸伞/独自/彷徨在悠长，悠长/又寂寥的雨巷……”(《雨巷》)之所以有令人心醉的美，正是这个“雨巷”的存在，古老得没有尽头，是完全由中国旧诗词组成的一个雨世界。不懂得“雨”之美，便与中国诗整个儿的无缘了。

中国诗的襁褓时代，就已经歌咏“雨”了。如殷代四方受年的卜辞云：

其自东来雨，其自西来雨，其自北来雨，其自南来雨。

(《卜辞通纂》三十五)

雨一开始就与生命的祈求愿望联系在一起，渗透了最原始的生命存在需求的情感意味。到了《诗经》里，远戍的征人不断唱着：“我自来东，零雨其濛”(《豳风·东山》)；“今我来思，雨雪霏霏。”(《小雅·采薇》)已经自觉地用“雨”来表达生命的悲哀，感伤至极。先秦时的古歌《梁甫吟》，正是雨中思念父母的诗歌，“曾子耕于太山之下，天雨雪冻，旬月不得归，思其父母，作《梁山歌》”。(《琴操》)

中国山水自然诗中的雨世界，发端于思乡、怀亲等基本的情感需求，到后来俨然成为无边丝雨织成的愁世界。唐人刘禹锡诗云：“巫峡苍苍烟雨时，清猿啼在最高枝。个里愁人肠自断，由来不是此声悲。”(《竹枝词》)是说即使没有猿啼的悲音，这纷纷、飘飘的雨世界，本身就足以教人肠断了。唐人杜牧的名篇《清明》诗云：

清明时节雨纷纷，路上行人欲断魂。
借问酒家何处有？牧童遥指杏花村。

“断魂”这个词儿，究竟是什么意思，恐怕真的说不清楚。但是这种体验却有普遍的性质：细雨纷纷、春衫尽湿，心头涌起莫名的忧伤，无端的感动。这时最需要有酒，或许不是消愁，是品味雨中愁情的美。

因而写雨中的风景，实际上是写人的心境；雨的迷蒙，表示着生命的某种缺憾，某种怅惘。刘长卿诗云：“瓜步寒潮送客，杨花暮雨沾衣。故山南望何处，春水连天独归。”(《送陆沣还吴中》)“独归”的风景中，便是心灵跌入一种无限的渺茫。山川草木，亭阁楼台，小桥曲径，本来是存在的，然而因为有了雨纱、雨幕、雨帘，便全都消失了，不再那么明明白白地存在了。

这种风景，最易于拍合某种心境，那样一种特定人生境遇中的失落感。无怪乎唐人王昌龄写离愁，就篇篇离不开雨了。昌龄写雨，喜用“入”字，如“江风引雨入舟凉”(《送魏二》)；如“寒雨连江夜入吴”(《送辛渐》)，是雨，也是人的心境进入一种迷蒙。因为一旦雨景跟心境契合，雨丝便延伸着人的愁绪了。“日暮酒醒人已远，满天风雨下西楼”(许浑)，雨的潇潇而“下”，延伸着人的寂寂而“远”。“登台北望烟雨深，回身泣向寥天月。”(姚月华)烟雨之“深”，濡染着离愁之浓。“相送情无限，襟比散丝。”(韦应物)这时，是一天丝雨都化作了满襟零泪，还是一腔愁情都化作了满天丝雨呢？

听雨的心境

因而天下雨而人下泪。夜深点点滴滴的雨声，在中国诗中总是微妙地感应着点点滴滴的泪水，于是“听雨”，最能体现出中国诗人那一份天然的敏感。南朝何逊“夜雨滴空阶，晓灯暗离室”，可算是最早的听雨感受。

声音的听觉或许还不够美。到了唐诗、宋词里，听雨的能力大大发展，普遍审美化了。白居易《夜雨》诗：“隔窗知夜雨，芭蕉先有声”，似最早写出了芭蕉听雨；李商隐《宿骆氏亭寄怀崔雍崔衮》：“竹坞无尘水槛清，相思迢递隔重城。秋阴不散霜飞晚，留得枯荷听雨声。”又写出了荷花听雨，而且是残荷听雨，再不听，就听不到了，诗人的相思之情，因为有雨来同情，更深挚一层。王昌龄《听流人水调子》诗云：“岭色千重万重雨，断弦收与泪痕深。”当音乐雨声化了时，雨声也就音乐化了，还问离愁深几许？唐宋诗词中的听雨感受，丰富得不得了。有的是当下的身心欢悦，如“春水碧于天，画船听雨眠”(韦庄《菩萨蛮》)；“客来时，酒尽重沽，听风听雨，吾爱吾庐”(辛弃疾《行香子》)；有的是回忆中的魂牵梦萦，如冯延巳《归自谣》词上阕句：“何处笛，深夜梦回情脉脉，竹风檐雨寒窗滴”；如李清照《声声慢》有句：“梧桐更兼细雨，到黄昏，点点滴滴。这次第，怎一个愁字了得。”等等。中国诗人的听雨感受，不仅已成为一种人对自然的诗化感受，不仅已成为中国诗人的一种生活艺术，一种“销魂”艺术，而且成为中国诗人对人生的哲理感悟。

宋代诗人陆游有《冬夜听雨戏作》诗：

少年交友尽豪英，妙理时时得细评。

老去同参惟夜雨，焚香卧听画檐声。

诗人的听雨感受，已经具有一种“参”的理趣。是老年心境对少年意兴的追怀，是少年心境对老年心境的照亮，或者是同学少年一时零落云散的感伤？宋代词人蒋捷的《虞美人》说得更明白直截：

少年听雨歌楼上，红烛昏罗帐。壮年听雨客舟中，江阔云低，断雁叫西风。

而今听雨僧庐下，鬓已星星也。悲欢离合总无情，一任阶前点滴到天明。

“听雨”伴随着一个完整的人生全过程，不同的听雨感受，正是不同的生命体验境界。像这样的诗歌，不仅是艺术，而且是生命哲学的一种表达。

风雨江山外有不得已者在

当听雨中融合、渗透了某种人生体验时，雨中愁绪就带有很大的概括性、弥漫性。雨所引起的愁不见得跟具体的一时一地一人一事相关联，而是无头无绪无始无终无来由。所谓“无端织成愁成片，堪作骚人酒病衣”，“雨”“愁”“骚人”，似乎天然地联系着，诗人“无端”地在雨中感受到一种莫名的悲哀。这一点，最能说明中国自然山水诗所体现的生命的诗情。

晚唐诗人韩偓，遭逢乱世，晚年两度被权奸朱温远贬入闽，眼睁睁看着大唐帝国日薄西山。同时，他又有一段与宫女刻骨铭心的爱恋，入闽之后有不少作品写这一段恋情。韩偓痛苦体验，很难分清是政治的情结，还是爱情的悲哀。他所感受到的痛苦，是人生根本性的痛苦。

韩偓最喜写的一个自然意象，就是“雨”。他在雨中引起的寄托的情怀，不止于政治、不止于爱情，俨然是他所感受到的一种弥漫于天地的大悲苦。如：“岸头柳色春将尽，船背雨声天欲明。”（《寄湖南从事》）“古来幽怨皆销骨，休向长门背雨窗。”（《咏灯》）“绕廊倚槛更惆怅，微雨轻寒花落时。”（《远廊》）“正是落花寒食雨，夜深无伴倚空楼。”（《夜深》）我们看他《登南神光寺塔院》诗的中间四句：

中华地向城边尽，外国云从岛上来。

四序有花长见雨，一冬无雪却闻雷。

这里摧花的久雨，分明是中华文化受到危机的一大预感。尤其是一首题为《雨村》的诗，写得极为含蓄：

雁行斜拂雨村楼，帘下三更幕一钩。

倚柱不知身半湿，黄昏独自未回头。

我们不必知道这“雨村”在哪一个具体的地理方位，可以感受到的，是秋天里的雨村，黄昏时的雨村。我们甚至可以不必指实这是一个真实存在的雨村，因为这多半是诗人心中的雨村，那个“倚柱不知身半湿”的诗人形象，不是正告诉我们：诗人已全身心浸淫在一个无边苍然的雨世界吗？

唐人诗歌的浑含意境，到了宋人写雨的诗歌里，就用明确的语言说出来了，说出了超越具体与特定境遇的悲哀感。如陈与义《雨》诗云：

霏霏三日雨，霭霭一团青，
雾泽含元气，风花过洞庭。
地偏寒浩荡，春半客岭嵘。
多少人间事，天涯醉又醒。

尾联即清楚说出，这个悲哀乃是经历了种种人间的醉醒之后，提取出的一种抽象的悲情。他的另一首《雨中》诗云：

古泽生春霭，高空落暮鸢。
山川含万古，郁郁在尊前。

这里甚至体验出了永恒的悲哀，于是那千山淋漓的雨气，不仅具空间意味，而且具时间上的无限，转成了万古郁郁的伤心。

这种体验，写雨诗中并不少见。如杨凭《雨中怨秋》云：“日暮隔山投古寺，钟声何处雨濛濛”，雨中有了这样一座古寺，愁郁之情就深深探入了时间。姚合《杨柳枝词》：“桥边陌上无人识，雨湿烟合思万重”，“无人识”的那一份沉痛，与陈子昂《登幽州台歌》的深哀相同，但却将后者那怆然的呼喊，化入一片迷蒙。崔橹《华清宫》：“红叶下山寒寂寂，湿云如梦雨如尘”，“寒寂寂”的那一份苍凉，跟杜甫“无边落木萧萧下”式的悲怀类似，却又将后者的历史沉浮感，化为一个烟雨般的梦。

清人况周颐说：“吾听风雨，吾览江山，常觉风雨江山外有万不得已者在，此万不得已者，即词心也。”(《蕙风词话》，中华书局 1982 年版，北京)这话穿透了诗海中那无边的雨丝、雾泽青霭，抉发出了犹如万川之月的“词心”。“词心”，即中国诗人面对宇宙自然所感悟到的生命意识；不具这一份词心，就缺少了作为诗人最基本的感情特质。

◎ **我思我在**

1. 中国山水诗中的“雨世界”是如何变成“愁世界”的？

2. “雨中愁”“听雨的心境”“风雨江山外有不得已者在”三部分，体现了一种什么逻辑？

3. 古代词论云：“吴梦窗《唐多令》第三句‘纵芭蕉不雨也飕飕’，此句谱当七字，上三下四，句法则‘也’字当为衬字，观后‘燕辞归客尚淹留’。”

其实，诗人总是选择合适的意象与“雨”发生关系。“雨”常常与哪些意象发生关系？

曲径通幽[①]

朱良志

《二十四诗品》有“委曲”一品。这品说道：“登彼太行，翠绕羊肠。杳霭流玉，悠悠花香。力之于时，声之于羌。似往已回，如幽匪藏。水理漩洑，鹏风翱翔。道不自器，与之圆方。”何谓委曲？其实，委就是曲。委的本意为曲折，从女，从禾。“女”表顺随，“禾”表委曲。委曲作为一个艺术批评概念，在南朝时已有运用，如南朝陈姚最《续画品》评毛惠秀“遒劲不及惠远，委曲有过于稜”。

此品说曲的妙处，与直露无遗相对，委婉、曲折、深邃、幽远。这一品前十句多是比喻，委曲如莽莽太行山中的盘山曲道，如朦胧雾霭中滑出的细泉，如无意中传来的幽幽花香，又如那缠绵悱恻、绕梁三日的歌曲，委曲还如那水的漩涡，又像那高空中盘旋的大鹏。要得委曲之妙，必须心存委曲。最后两句就说这一问题。“道不自器，与之圆方。”器是道的载体，“道不自器”意思是，万物万类品貌各各不同，以不同的形象显现道。万物变化无常，曲折万端，因而人的艺术创造也应该与万物婉转徘徊，物运我也运，物潆我也潆，和万

---

① 选自《曲院风荷——中国艺术论十讲》（安徽教育出版社2006年版）。朱良志（1955—　），安徽滁州人，北京大学哲学系教授，博士生导师，浙江大学兼职教授，美国纽约大都会博物馆高级研究员。著有《中国艺术的生命精神》《南画十六观》《扁舟一叶——理学与中国画学研究》《曲院风荷——中国艺术论十讲》《生命清供——国画背后的世界》《大音希声——妙悟的审美考察》《中国美学十五讲》。

物共击着一个节奏。大自然中蕴藏着委曲，如春虹饮涧，轻烟戏林，藤蔓盘旋，虬枝蜿蜒，它们就是艺术家创造曲折回环的艺术境界效法的对象。

在美学中，曲标示一种美感、一种美学情趣。美学家荷迦斯说，曲线往往产生优美。从造型心理学角度看，横线能使人产生稳实感，竖线有力量感，而曲线则最富优美感、运动感。在中国美学的谱系中，曲线具有和西方人不同的意韵。曲线代表一种自然本有的节奏，它是非人工的。从审美上说，柳暗花明，山穷水复疑无路，忽然开朗，带来一种审美的惊奇感。曲线是柔和、温雅的，反映了中国美学重视和谐的精神。曲线在唐代以后为许多文人所重视，这是文人意识崛起以后在审美领域的反映。曲线所关心的是那悠远的纵深，那层层推进的妙处，那深藏于有形之象背后的有意味的世界。

当然，隐不等于晦，必须要处理好隐和露之间的关系，如果一味讳莫如深，欣赏者一头雾水，如坠五里云中，那不是很好的隐。我们说，隐而不露，藏而不显。其实，隐是为了更好的露，勾起人更幽深更玄远的用思：藏是为了更好的显，显出那更丰富、更感人的世界。雾太大了，就影响了交通，影响了人的观瞻；梦太深了，就会以幻象世界掩盖了真相的世界。刘勰说："深文隐蔚，余味曲包。"关键要有味，要有启迪人想象的空间。

苏轼《前赤壁赋》说："于是饮酒乐甚，扣舷而歌之。歌曰：桂棹兮兰桨，击空明兮溯流光。渺渺兮予怀，望美人兮天一方。客有吹洞箫者，倚歌而和之，其声呜呜然：如怨、如慕、如泣、如诉；馀音袅袅，不绝如缕；舞幽壑之潜蛟，泣孤舟之嫠妇。"所谓绕梁三日，余音不绝。不在于这种乐曲给人强烈的震撼，如现代的摇滚，而在于艺术品在人们心目中引起悠长的回味。我并不怀疑现代音乐带来的美感，但它与这里所说的古典的、悠长的音乐享受是完全不同的。"念去去，千里烟波，暮霭沉沉楚天阔。"我似乎听到了音乐家柳永的绵长咏叹。

婉曲是中国诗中的高妙境界。卢照邻《曲池荷》："浮香绕曲岸，圆影覆华池。常恐秋风早，飘零君不知。"香味袅袅，荷影绰绰，曲岸风荷响，其韵传出遥远。影的舞动、味的轻扬和婉曲的小径、澹荡的清池，构成了一个和谐的整体。如果说高树下的小荷、直路旁的大水塘，这就不能算是和谐的组合。它的境界是流动的、清幽的、绵长的、内蕴的。如宋李结的一首《浣溪沙》："花圃萦回曲径通，小亭风卷绣帘重，秋千闲倚画桥东。　双蝶舞馀红便旋，交莺啼处绿葱茏，远山眉黛晚来浓。”这首词的内容很贫乏，但对自然景物的描写极尽委曲之致。一痕山影成背景，在远方，曲曲弯弯，画桥的婉曲、小亭的翼然如飞、弯弯曲曲的溪流、萦回婉转的小径。词中以曲线为其基本格调，意在展现轻盈婉转的艺术世界。所谓“无可奈何花落去，似曾相识燕归来，小园香径独徘徊”，即是同一格调。

张炎《扫花游》词云：“烟霞万壑，记曲径幽寻，霁痕初晓。绿窗窈窕。看随花甃石，京泉通沼。几日不来，一片苍云未扫。自长啸。怅乔木荒凉，都是残照。　碧天秋浩渺。听虚籁泠泠，飞下孤峭。山空翠老。步仙风、怕有采芝人到。野色闲门，芳草不除更好。境深悄，比斜川，又清多少。”如寒潭雁迹，孤鸿轻影，飘飘落落的败叶，若隐若现的霁烟，花草随意绿，曲径自绵长，此境真是“深悄”。

深悄者，自妙也。深在婉曲，悄在静谧。园林之妙更在深悄。曲是中国园林的至上原则之一。曲曲的小径、斗折萦回的回廊、起伏腾挪的云墙、婉转绵延的溪流、虬曲盘旋的古树，等等，都体现了这一原则，所谓“景露则境界小，景隐则境界大”。陈从周说：“园林造景，有有意得之者.亦有无意得之者，尤以私家小园，地甚局促，往往于无可奈何之处，而以无可奈何之笔化险为夷，终挽全局。苏州留园之华步小筑一角，用砖砌地穴门洞，分隔成狭长小径，得庭院深深深几许之趣。”（《说园》三）曲的艺术趣味，显然是内倾型的中国文化思想的影响。造园家这方面的努力，大概可以概括为三个字：隔、抑、曲。

虽然所有园林创造都会追求旷远的空间感，但在具体的造园中有时却故意封闭空间、隔开景区，使各个景区自成一个生命单元、一个生命整体，由此再与其他园林景区襟带环映。这样既见出园景的参差错落，富有变化，又可使人有迤逦不尽之感，景外有景，象外有象，壶中天地于是变宽了，一勺水也见出了深处，一拳石也葆有了曲处。这就是隔。那种开门见山的方法显然是不适合中国园林的意境创造的。

而抑景真正可以说是在玩欲露还藏的游戏。中国很多园林进门处都不畅通，往往总是横出障碍，或有巨石障眼，如扬州个园一进园门，有一块巨石堵住。颐和园东宫门的入口处，有一大殿仁寿殿挡住人的视线，这都是抑景。然而抑制是为了放，障碍的目的在于开。其命意正在柳暗花明处、曲径通幽处、别有洞天处。一抑，使景物暂时出现空白，犹如发箭时回拉；一放，则如手松箭发，在一片空白中映出最盎然的生机。抑玩的是心理牌。它使游览者心意收敛,犹如给游兴正酣的游客一剂清凉剂,抑后之放,却在此刚刚回抑的心灵中掀起狂澜,达到理学家所说的大快活境界。

而曲更具韵味。钱泳《履园丛话》说:"造园如作文,必使曲折有法。"曲折历来被视为园林的命脉。园林重曲线,看重的就是这种优美中的运动、运动中的优美,曲线的构造自然就具有生命力。其实隔、抑都是曲。曲是园林的灵魂。

古代造园家在曲中追求生机,在一定程度上说,造园可以说是造曲的艺术,山曲水曲堤曲廊曲,曲景处处,造园家曲为之,是要于曲水中见出沧海之浩茫,于曲廊中见出梯云之绵延,于曲栏处使一身黑白之姿显出袅娜之态,于拳石中曲出一贯通天地的气势来。清刘凤浩《个园记》:"曲廊邃宇,周以虚栏,敞以层楼,叠石为小山,通泉为平地,绿萝袅烟而依回,嘉树翳晴而蓊匌,闿爽伸靓,各极其致。"这里的曲廊邃宇,虚栏回环。层楼盘桓,绿萝袅烟之依回,嘉树翳晴之参差,均注意一个曲字,个园似乎是被这曲法曲成的。古人造园在无一笔不曲,无一笔不藏,径越伸越曲,廊越回越深,曲中增加了含蓄,曲中也包含了层深,游者步步移,景色步步改,明刘侗《帝京景物略》记北京城东有曲水园,"府第东入,石墙一遭,径迢迢皆行,竹尽而西,迢迢皆水。曲廊与水而曲,东则亭,西则台,水其中央,滨水又廊,廊一再曲",就是曲。园林中有所谓漏云透月轩、掩山楼、宜雨亭、住秋阁,都在曲,含蓄蕴藉,一个唤起你更多想象的引子。

明祁彪佳《寓山注·宛转环》论曲最解人颐:"昔季女有宛转环,丹崖白水,宛然在焉,握之而寝,则梦游其间。即有名山大川之胜,珍木、奇禽、琼楼、瑶室,心有所思,随年辄见,一名曰:华胥环。异哉!人安得斯环而握之哉!请以予园之北廊仿佛焉。归云一窦,短扉侧入,亦犹卢生才跳入枕中时也。自此步步在樱桃林,漱香含影,不觉亭台豁目,共诧黑甜乡,乃有庄严法海矣。入吾山者,夹云披薜,恒苦足不能供目,兹才举一步,趾已及远阁之巅,上壶公之缩地也。堤边桥畔,谓足尽东南岩岫之美,及此层层旷朗,面目转换,意义是蓬莱幻出,是又愚公之移山也。虽谓斯环日在吾握可也。夫诚梦幻矣。然何者是真,吾山之寓,寓于觉,亦寓于梦,能解梦觉皆寓,安知梦非觉,觉非梦也。环,可也,不必环,可也。"他这里说了个梦和觉的故事,彪佳之园以寓为名,谓借园以为寄托,梦也觉,觉也梦,皆是其心灵之幻象,彪佳以梦环为喻,华胥环即梦环,园非环,然无往而非环中之妙,无往不见宛转回荡之势,园中物态于环中自现。这个环就是那隐于园林背后的生机流动之精神。

梦环之神在今存之江南园林中多见，如扬州的小盘谷，此园以小中见大著称，小中何以见大，即是成功地利用曲折幽深的造园方法，进门有厅横前，此乃是抑景，绕厅而后，忽见一汪池水，澄波荡漾，俨然平旷，随后步回廊，过曲桥沿轰墙，随行更步，随步改景，景中见曲，曲景相和，一行回廊、几曲清流、幽深的洞穴、蜿蜒的阶梯和那波浪起伏的园墙、参差错落的花窗遥相呼应，体现出优游回环、流转不绝的大化生机来。

园林的曲景在云墙和回廊的设置上体现最为充分，如拙政园的回廊。中国江南园林中的云墙设置非常有特色。往往如绵延的长龙横卧于一片青山绿水之中，白色的墙壁和黑色的瓦在青山绿水之中勾出一条逶迤的曲线，别具风致。

中国艺术重曲，在书法艺术中，草书和行书对婉曲线条的偏爱最盛，婉若游龙，飘若惊鸿是书法中推崇的至高境界。人们认为王羲之的线条运用中就体现这一精神。南朝袁昂《古今书评》评索靖书说："如飘风忽举，鸷鸟乍飞"；评皇象书说："如歌声绕梁，琴人舍徽"；评钟繇书日："意气密丽，若飞鸿戏海，舞鹤游天，行间茂密，实亦难过"；评萧思话书说："走墨连绵，字势屈强，若龙跳天门，虎卧凤阕"；评薄绍之书说："字势蹉跎，如舞女低腰，仙人啸树"，等等。他以为书法的妙境如"万岁枯藤"，即使是正书，在一笔一画之中，要有一波三折的妙处，如怀素的《苦笋帖》。

◎ 我思我在

1. 在中国美学的谱系中，曲线具有和西方人不同的意韵。请你根据《曲径通幽》的内容，分别概括出中国人和西方人对曲线的不同美学感受。

2.《曲径通幽》折射了作者很高的美学素养，作者选取了哪几个方面的材料表现"曲径通幽"的美学内涵的？作者又是如何驾驭这些材料的？

3. 仔细阅读选文，看看作者是如何坚守学术规范和道德，尊重他人创作成果和研究成果的？

◎ 专题研讨

阅读《曲院风荷》一书的目录，探讨后面的问题。

◆目录

作者在后记中写道:"本书共十讲,涉及中国艺术理论中比较重要的十个问题。第一讲听香,讲形神问题;第二讲看舞,主要讲动静关系问题;第三讲讲含蓄,我以'曲径'之名;第四讲讲中国艺术理论中见大的思想,这是东方艺术理论中的特有思想,我以"微花"名之;第五讲枯树,说中国艺术中大巧若拙的思想;第六讲空山,说虚实问题;第七讲冷月,说中国艺术中荒寒冷寂的境界;第八讲和风,论中国艺术中的和谐思想。第九讲名慧剑,说的是妙悟的体验;第十讲名扁舟,说的是中国艺术的写意传统。"

这本书在目录设计方面有哪些值得我们借鉴的地方?

※ 实践笃行

蕉窗听雨

——“寻找东方之美”学术论著荐读

同学们，中国传统顶级大师的文人画，有一种无法用语言表现的纯粹之美。在这个世界上，或许只有宁静高贵的希腊雕塑、深沉阔大的欧洲古典音乐能与之相比，它们所散发的“纯美”给我们短暂而脆弱的人生增加了意义。日本京都学派创始人之一、博学的内藤湖南在20世纪初就说，中国的文人画(他以“南画”称之)是一种非常高雅的艺术，是一种能够代表中国这个世界至为灿烂文明的文化精神的艺术，必将在未来的人类文明进程中发挥更大的作用。如果要推荐一本学术论著，你会推荐哪一本书？今天我们就来“围炉话书”，向大家推荐朱良志的学术论著《南画十六观》，研味中国传统文人画，感受在她简澹的形式背后，含玩生命的优游不迫的情怀、独标真性的沉着痛快的精神。

为了更好地开展活动，请同学们做好如下准备：

1. 网购或借阅朱良志的学术论著《南画十六观》；

2. 阅读《南画十六观》的内容简介和精彩书评。

活动一：观书名

在中国古代，数的概念有非常重要的隐喻性。十六的传统，是受到佛教影响的，这是一个重视内在心灵体验的模式。佛教中的《观无量寿经》《十六观经》都涉及这个数字。《观无量寿经》十六观法的“往生净土”模式，其实是一种理想境界模式，就是从人的内在自觉到超越模式这一块，间接使十六这个数字变成了一种重视人的内在心性和发展、人的内在觉悟的，非常纯净的、细腻的，人和事件身相应合的那种感情的东西。它对中国艺术的理想世界追求产生了重要影响。

这本书不是讲十六个简单的观照点，而是要通过一个广义的叙述模拟，来讲人内在心性的自觉，把人的生命的感受作为生命存在的根本价值。这本书讲真性，就是讲存在价值、生命价值。十六观，是讲心法的，讲心灵的随意性，讲对形式的超越，它是非数字性的。它实际上不以人为量，而是以物为量，一种体验性的心量。

"观"也有几个层次：一个是视觉的，用眼观；还有一个，就是用心观。这个层面是欣赏者用心去体悟画作传递出来的韵味，或者感觉。真正进到观心、观想，进到生命本真的体验里，之前似乎很少有人提，没有说要考察这个作者用他一种生命状态来作画的感觉。所以就把"南画""十六""观"这几个词语组合到一起，这个书名可能有一个很完整的规划，有一种很完善的体系在里面。

CCTV－1"2013 中国好书"对《南画十六观》的颁奖词：《南画十六观》延续了作者一贯的风格，行文流畅优美，富于韵味和意境，适于悦读，为读者提供了非常好的审美享受。讨论真，而自身亦达于美，这是一本好书的境界。著名美学家、学者北京大学叶朗教授、中国人民大学张法教授倾力推荐，称赞此书令人"耳目一新""不可多得"。

请你说说第一次看到这个书名的感觉。

活动二：品画意

《南画十六观》写了十六位文人画家，还插入了 407 幅画。这些画作的名称别有异趣，请看下表：

画　家	作品一	作品二	作品三
黄公望	《水阁清幽》	《九峰雪霁》	《丹崖玉树》
梅花道人	《洞庭渔隐》	《寒江独钓》	《芦花寒雁》
倪云林	《幽涧寒松》	《虞山林壑》	《树石幽篁》
沈　周	《雪树双鸦》	《秋林静钓》	《溪山秋色》
文徵明	《中庭步月》	《林榭煎茶》	《古木寒泉》
唐　寅	《落霞孤鹜》	《渡头帘影》	《桐阴清梦》
陈道复	《垂虹别意》	《野庭秋意》	《雪渚惊鸿》
徐　渭	《梅花蕉叶》	《五月莲花》	《竹石牡丹》
董其昌	《翠岫丹枫》	《泉光云影》	《秋山平远》
陈洪绶	《莲池应化》	《蕉林酌酒》	《倚杖闲吟》
龚　贤	《秋江渔舍》	《千岩万壑》	《水乡清夏》

（续表）

画　家	作品一	作品二	作品三
八大山人	《猫石杂卉》	《莲房小鸟》	《山房涉事》
吴渔山	《静深秋晓》	《松壑鸣琴》	《横山晴霭》
恽南田	《雪溪看梅》	《故园风物》	《古木寒鸦》
石　涛	《松阁临泉》	《余杭看山》	《山水花卉》
金　农	《风雨归舟》	《画吾自画》	《梅花三绝》

美是邂逅所得，是亲近所得。看了这些画作的名称，你有一种什么感觉？说出来和同学交流一下。

活动三：抉秘密

武侠小说家金庸曾经将自己创作的作品撰成一副对联，请你参照这种格式，取十六位画家姓名中的一个字，连缀成连续的两句古诗。一位画家的姓名可以只能出现一次，可以有两位画家不入选，画家的顺序可以调换。

样例：

<table>
<tr><th>对　联</th><th>代表字</th><th>作　品</th><th>创作时间</th></tr>
<tr><td rowspan="14">飞雪连天射白鹿，笑书神侠倚碧鸳。</td><td>飞</td><td>《飞狐外传》</td><td>（1960—1961年）</td></tr>
<tr><td>雪</td><td>《雪山飞狐》</td><td>（1959年）</td></tr>
<tr><td>连</td><td>《连城诀》</td><td>（1963年）</td></tr>
<tr><td>天</td><td>《天龙八部》</td><td>（1963—1966年）</td></tr>
<tr><td>射</td><td>《射雕英雄传》</td><td>（1957—1959年）</td></tr>
<tr><td>白</td><td>《白马啸西风》</td><td>（1961年）</td></tr>
<tr><td>鹿</td><td>《鹿鼎记》</td><td>（1969—1972年）</td></tr>
<tr><td>笑</td><td>《笑傲江湖》</td><td>（1967年）</td></tr>
<tr><td>书</td><td>《书剑恩仇录》</td><td>（1955年）</td></tr>
<tr><td>神</td><td>《神雕侠侣》</td><td>（1959—1961年）</td></tr>
<tr><td>侠</td><td>《侠客行》</td><td>（1965年）</td></tr>
<tr><td>倚</td><td>《倚天屠龙记》</td><td>（1961年）</td></tr>
<tr><td>碧</td><td>《碧血剑》</td><td>（1956年）</td></tr>
<tr><td>鸳</td><td>《鸳鸯刀》</td><td>（1961年）</td></tr>
</table>

请在空格上填上合适的内容：

古诗	代表字	画家	聚焦点
		黄公望	“浑”
		梅花道人	“水禅”
		倪云林	“幽绝”
		沈周	“平和”
		文徵明	“浅”
		唐寅	“视觉典故”
		陈道复	“幻”
		徐渭	“墨戏”
		董其昌	“无相法门”
		陈洪绶	“高古”
		龚贤	“荒原”
		八大山人	“涉事”
		吴渔山	“老格”
		恽南田	“乱”
		石涛	“躁”
		金农	“金石气”

活动四：悟精髓

《南画十六观》中写道：“画莲塘莲叶飘荡，荷花点点，轻风吹拂，香气四溢。中间画有一茆亭，亭中有一人酣然而卧，呼吸着世界的香气，身体像被娇艳的鲜花托起，随着香风而浮沉。”这真是禅家“高卧横眠得自由”境界活灵活现的展现。

消受白莲花世界，风来四面卧当中。

看这样的画，真使人心一亮。不是画荷塘边休憩的故事，而是画一种心法：这里有白莲一样的清澈、荷花一样的淡荡，还有整个世界都飘拂起来的回旋。

如果说这幅画体现了东方之美，你认为东方之美具有哪些特征？

活动自检

自检项目	学习任务细目	权重	自评
活动准备	1. 网购或借阅朱良志的学术论著《南画十六观》； 2. 阅读《南画十六观》的内容简介和精彩书评。	20分	
活动一：观书名	说出第一次看到这个书名的感觉。	20分	
活动二：品画意	看了这些画作的名称，你有一种什么感觉？	20分	
活动三：抉秘密	请你参照这种格式，取十六位画家的姓名中的一字，连缀成连续的两句古诗。	20分	
活动四：悟精髓	你认为东方之美具有哪些特征？	20分	

专题 7

凝固美学

——建筑类论著选文研读

园林，来源于自然，是中国人与自然和谐相处的一种方式。园林，是植物、山水、泥土、树木搭建的一个温床，而山水植物，更是人类生存的宇宙的最佳建构模式，它就像人类的襁褓。两千年来逐渐形成的精致园林，享受文化最互动的生活方式，随着两百年来科技的突飞猛进在逐渐消散，又在近二十年悄然兴起。不管人类进步的快慢，只要人心未变，总会受到一种文化惯性的呼唤。这不是园林，这也是园林。

在全球化语境下，如何继承与维护中国传统，批判纯粹工具理性和消费主义主导的造城运动，是一个重要的课题。本专题，我们将研读王澍先生和梁思成先生的学术论著，探寻建筑中的美学人文价值、生活方式、审美情趣，最终懂得：建筑绝不简简单单只是一种技术性、工程性的技艺，而是关于人的生存状态与生活方式、关于人类文明的一种集大成式的综合性艺术。

※ 含英咀华

造园和造人①

王 澍

近几年，我一边造房子一边教书，身边总有几个弟子追随。我对他们常说的有三句话："在作为一个建筑师之前，我首先是一个文人。""不要先想什么是重要的事情，而是先

① 原载《建筑师》第 126 期。王澍(1963—)，中国著名艺术家、建筑师。中国美术学院教授、建筑艺术学院院长、博士生导师。2010 年获威尼斯双年展建筑大奖，2011 年获法国科学院建筑学院金奖，2013 年入选美国《时代》杂志。2012 年获普利兹克建筑奖，成为获得该奖项的第一个中国人。

想什么是有情趣的事情，并身体力行的去做。”“造房子，就是造一个小世界。”几年下来，不知道他们听懂多少。

每年春，我都会带学生去苏州看园子。记得今年去之前和北京一位艺术家朋友通电话，他问我那些园子你怕是都去过一百遍了，干嘛还去？不腻？我回答：我愚钝，所以常去。在这个浮躁喧嚣年代，有些安静的事得有人去做，何况园林这种东西。

造园，一向是非常传统的中国文人的事。关于造园，近两年我常从元代画家倪瓒的《容膝斋图》讲起，那是一张典型山水画，上段远山，一片寒林，中段池水，倪氏总是留白的，近处几棵老树，树下有亭，极简的四根柱子，很细，几乎没有什么重量，顶为茅草。这也是典型的中国园林格局，若视画的边界为围墙，近处亭榭，居中为池，池前似石似树。但我谈的不是这个，我谈态度。《容膝斋图》的意思，就是如果人可以生活在如画界内的场景中，画家宁可让房子小到只能放下自己的膝盖。如果说，造房子，就是造一个小世界，那么我以为，这张画边界内的全部东西，就是园林这种建筑学的全部内容，而不是像西人的观点那样，造了房子，再配以所谓景观。换句话，建造一个世界，首先取决于人对这个世界的态度。在那幅画中，人居的房子占的比例是不大的，在中国传统文人的建筑学里，有比造房子更重要的事情。

有意思的是，讲座对象不同，反应差异之大。对于国内学子讲，《容膝斋图》主要引起价值论的讨论。这当然重要，造房子不先作价值判断，工作方向就易迷失。我也曾在美国大学里讲，讲座结束后那些美国建筑教师就很激动，说他们今天见到了一种和他们习常理解的建筑学完全不同的一种建筑学。

面对世界的态度比掌握知识的多少更重要。这让我又想起童寯先生。作为庚子赔款那一代的留学生，童先生留学美国宾大，游历欧洲，西式建筑素养深厚。但留学归来，却有一大转折，全心投入中国传统建筑史，特别是园林的研究与调查中。治学方向的转变说明了思想与价值判断的大转变。刘敦祯先生在给童先生《江南园林志》一书序中写道：“对日抗战前，童寯先生以工作余暇，遍访江南园林，目睹旧迹凋零，与富商巨贾恣意兴作，传统艺术行有澌灭之虞，发愤而著此书。”今日读来，似乎是在写今日中国之现状。不继承自然是一种摧毁，以继承之名无学养的恣意兴造破坏尤甚。

与后来众多研究园林者有别的是，童寯先生是真有文人气质和意趣的。博览多闻，涉猎今古，治学严谨，孜孜不倦固然让人敬仰，但我最记得住的是先生的一段话：今天的建筑师不堪胜任园林这一诗意的建造，因为与情趣相比，建造技术要次要的多。

"情趣"，如此轻飘的一个词，却能造就真正的文化差别。对中国文人而言，"情趣"因师法自然而起，"自然"显现着比人间社会更高的价值。人要以各种方式努力修习才可能接近"自然"的要求，并因程度差别而分出"人格"。园林作为文人直接参与的生活世界的建造，以某种哲学标准体现着中国人面对世界的态度。而文人在这里起的作用，不仅是参与，更在于批判。在我看来，文徵明为拙政园做的那一组图，至今仍镌刻在园内长廊墙上，与拙政园的壮大宽阔，屋宇错杂精致相比，文徵明笔下的拙政园只是些朴野的竹篱，茅舍，就是对拙政园文雅的批判。事实上，在中国园林的兴造史上，这种文士的批判从来就没有中断过，正是这种批判，延续着这个传统的健康生命。而童寯先生最让我敬重的，除了一生做学问的努力与识悟，更在于其晚年面对一个浮躁喧嚣年代，毅然不做建筑设计，这使他几乎代表了近代中国建筑史的一个精神高度，我见过其晚年的一张照片，在他南京小院中，先生身穿一件洗得破出洞来的白色老头衫，双目圆睁，通视着在看这张照片的我。而我则见他站在一棵松下，如古代高士图中的高士。中国近代建筑史上四个奠基的大师，梁思成，杨廷宝，刘敦祯，童寯。童先生是唯一无任何官职，在公共场合露面最少的一位，但他却可能是对我这样的后学影响最深刻的一位，不仅因为学问，更在于其身上那种中国传统文士的风骨和情趣。

我常猜想，童先生一生致力于园林研究，但生前却没有机会实践，心中定有遗憾，但若有机会，先生又会如何造园，更让我想象。或许从先生所撰《随园考》中可见端倪。随园主人袁枚，杭州才子，25 岁（乾隆四年）中进士，35 岁辞官，于南京造随园。园居五十年，是中国文士少有能得享大年，优游林下者。如童先生所考，袁枚所购是一废园，园主人姓随，故名随园。袁枚购得后，并不大兴土木，而是伐恶草，剪虬枝，因树为屋，顺柏成亭，不做围墙，向民众开放。和这种造园活动平行，袁枚"绝意仕进，聚书成文，文名籍甚，著作立身，四方从风，来者踵接"。有意思的是，正是因为袁枚和当时主流社会拉开距离，树立另一种生活风范，却真正影响了社会。如袁枚自述，其园不改名，但易其义，随旧园自然状态建造，并不强求。而在童寯关于园林的著述中，单独做文考证的，惟有随园。从中可以体会到先生对于造园一事推崇什么，隐含着什么含蓄而坚定的主张。童先生文中特别提到，袁枚旷达，临终对二子说“身后随园？得三十年，今愿已足”。三十年后有友人去访，园已倾塌，沦为酒肆。实际上，袁枚经营随园五十年，就有如养一生命。古人说，造园难，养园更难。中国文人造园就是这样一种特殊的建筑学活动，它和今天那种设计建成就掉头不管的建筑与城市建造不同，园子是一种有生命的活物。造园者、住园者是和园子一起成长演进的，如自然事物般兴衰起伏。对于今天的城市与建筑活动，不能不说是一种启示。

造园代表了一种和我们今天所热习的建筑学完全不同的一种建筑学，是特别本土，也是特别精神性的一种建筑活动。在这个文化方向迷失的年代，不确定的东西最难把握，造园的艰难之处就在于它是活的。童寯先生 1937 年写道，他去访园，所绘平面图，并非精确测量，不过约略尺寸，盖园林排挡，不拘法式，全重主观。而富有生机弹性，非必衡以绳墨。但我怀疑童先生的话，今日还有几个人能懂。造园所代表的这种不拘泥绳墨的活的文化，是要靠人，靠学养，靠实验和识悟来传的。某种意义上，人在园在，人亡园废。园在我心里，不只是指文人园，更是指今日中国人的家园景象，主张讨论造园，就是在寻找返回家园之路，重建文化自信与本土的价值判断。以我们这代人的学养，多少有点勉力为之，但这种安静而需坚持不懈的事，一定要有人去做，人会因造园而被重新打造的。

当然，谈论造园这种“情趣”之事，本不该这么沉重。中国历来多四体不勤的书生，李渔是我欣赏的另一位会亲手造园的文人，他的文章涉猎如此广泛，饮食、起居、化妆、造房甚至讨论厕所，讨论西湖游船上窗格该用什么文雅图样，他和袁枚相似，敢开风气之先，甘冒流俗非议，反抗社会，但敞开胸怀拥抱生活。这类文士是真能造园的，我们今天的社会同样需要这样一种文士去和建筑活动结合，但培养这样一种人，一种本土文化的活载体，恐怕是今日大学教育难以胜任的。

事情也没这么悲观，实际上，中国文化中的精深东西全有赖于人的识悟，从来就不是靠一堆人，而是靠不多的几个人根脉流传的。昨日下午，感觉写不出东西，我就和妻子去西湖边喝茶，看看湖对面如画远山，就想起朋友林海钟，知道他在湖边新辟了一个画室，打电话想去看看，电话那边，他已在富阳的山中散游。海钟年龄比我还小些，但性情温润逸旷，寒林山水在今天可称独步。我又想起另一位朋友吴敢，年龄也比我小，但书画鉴定已功力深厚。他曾评海钟小楷，说他能把毛笔尖上几根毛的感觉都写出来。所谓差之毫厘，谬之千里。又想到海钟有次对我说起他在国清寺山中写生，画着，就有点画出李成(北宋画家)的意思来。想到这些，心中就愉快，文人风骨不绝，造园一事应尚可为。

◎ **我思我在**

1.“在作为一个建筑师之前，我首先是一个文人。”“不要先想什么是重要的事情，而是先想什么是有情趣的事情，并身体力行的去做。”“造房子，就是造一个小世界。”这是王澍经常给学生们讲的三句话，并说“几年下来，不知道他们听懂多少。”那么，你能听懂多少呢？

2. 选文的标题为《造园和造人》，“造园”可以理解，“造人”在这里是什么意思呢？它跟造园的关系如何？

3. 作者说“童先生一生致力于园林研究，但生前却没有机会实践，心中定有遗憾，但若有机会，先生又会如何造园，更让我想象”，请你根据文中相关信息，“想象”童先生的造园理念。

中国建筑之特征[①]

梁思成

建筑之始，产生于实际需要，受制于自然物理，非着意创制形式，更无所谓派别。其结构之系统及形式之派别，乃由其材料环境所形成。

古代原始建筑，如埃及、巴比伦、伊琴、美洲及中国诸系，莫不各自在其环境中产生，先而胚胎，粗具规模，继而长成，转增繁缛。其活动乃赓续的依其时其地之气候，物产材料之供给；随其国其俗，思想制度，政治经济之趋向；更同其时代之艺文、技巧、知识发明

① 选自《中国建筑史》(百花文艺出版社 1998 年版)。梁思成(1901—1972)广东新会人，梁启超之子，林徽因之夫。生于日本东京，毕生致力于中国古代建筑的研究和保护，是建筑历史学家、建筑教育家和建筑师。他创立了中国现代教育史上第一个建筑学系，著有《中国建筑史》《中国建筑和艺术》《城市计划大纲序》《中国建筑与中国建筑师》等。

之进退，而不自觉。建筑之规模、形体、工程、艺术之嬗递演变，乃其民族特殊文化兴衰潮汐之映影；一国一族之建筑适反鉴其物质精神，继往开来之面貌。今日之治古史者，常赖其建筑之遗迹或记载以测其文化，其故因此。盖建筑活动与民族文化之动向实相牵连，互为因果者也。

中国建筑乃一独立之结构系统，历史悠长，散布区域辽阔。在军事、政治及思想方面，中国虽常与他族接触，但建筑之基本结构及部署之原则，仅有和缓之变迁，顺序之进展，直至最近半世纪，未受其他建筑之影响。数千年来无遽变之迹、掺杂之象，一贯以其独特纯粹之木构系统，随我民族足迹所至，树立文化表志，都会边疆，无论其为一郡之雄或一村之僻，其大小建置，或为我国人民居处之所托，或为我政治、宗教、国防、经济之所系，上自文化精神之重，下至服饰、车马、工艺、器用之细，无不与之息息相关。中国建筑之个性乃即我民族之性格，即我艺术及思想特殊之一部，非但在其结构本身之材质方法而已。

建筑显著特征之所以形成，有两个因素：有属于实物结构技术上之取法及发展者，有缘于环境思想之趋向者。对此种种特征，治建筑史者必先事把握，加以理解，始不至淆乱一系建筑自身优劣之准绳，不感于他时他族建筑与我之异同。治中国建筑史者对此着意，对中国建筑物始能有正确之观点，不作偏激之毁誉。

今略举中国建筑之主要特征。

一、属于结构取法及发展方面之特征，有以下可注意者四点：

（一）以木料为主要构材。凡一座建筑物皆因其材料而产生其结构法，更因此结构而产生其形式上之特征。世界它系建筑，多渐采用石料以替代其原始之木构，故仅于石面浮雕木质构材之形，以为装饰，其主要造法则依石料垒砌之法，产生其形制。中国始终保持木材为主要建筑材料，故其形式为木造结构之直接表现。其在结构方面之努力，则尽木材应用之能事，以臻实际之需要，而同时完成其本身完美之形体。匠师既重视传统经验，又忠于材料之应用，故中国木构因历代之演变，乃形成遵古之艺术。唐宋少数遗物在结构上造诣之精，实积千余年之工程经验，所产生之最高美术风格也。

（二）历用构架制之结构原则。既以木材为主，此结构原则乃为“梁柱式建筑”之“构架制”。以立柱四根，上施梁枋，牵制成为一“间”（前后横木为枋，左右为梁），梁可数层重叠称“梁架”。每层缩短如梯级，逐级增高称“举折”，左右两梁端，每级上承长槫，直至最上为脊槫，故可有五槫、七槫至十一槫不等，视梁架之层数而定。每两槫之间，密布栉篦并列之椽，构成斜坡屋顶之骨干；上加望板，始覆以瓦葺。四柱间之位置称“间”。通常一座建筑物均由若干“间”组成。此种构架制之特点，在使建筑物上部之一切荷载均由构架负担；承重者为其立柱与其梁枋，不借力于高墙厚壁之垒砌。建筑物中所有墙壁，无论其为砖石或为木板，均为“隔断墙”，非负重之部分。是故门窗之分配毫不受墙壁之限制，而墙壁之设施，亦仅视分隔之需要。欧洲建筑中，唯现代之钢架及钢筋混凝土之构架在原则上与此木质之构架建筑相同。所异者材料及科学程度之不同耳。中国建筑之所以能自热带以至寒带；由沙漠以至两河流域及滨海之地，在极不同之自然环境下始终适用，实有赖于此构架制之绝大伸缩性也。

（三）以斗拱为结构之关键，并为度量单位。在木构架之横梁及立柱间过渡处，施横材方木相互垒叠，前后伸出作“斗拱”，与屋顶结构有密切关系，其功用在以伸出之拱承受上部结构之荷载，转纳于下部之立柱上，故为大建筑物所必用。后世斗拱之制日趋标准化，全部建筑物之权衡比例遂以横拱之“材”为度量单位，犹罗马建筑之柱式，以柱径为度量单位，治建筑学者必习焉。一系统之建筑自有其一定之法式，如语言之有文法与辞汇，中国建筑则以柱额、斗拱、梁、槫、瓦、檐为其“辞汇”，施用柱额、斗拱、梁、槫等之法式为其“文法”。虽砖石之建筑物，如汉阙佛塔等，率多叠砌雕凿，仿木架斗拱形制。斗拱之组织与比例大小，历代不同，每可借其结构演变之序，以鉴定建筑物之年代，故对于斗拱之认识，实为研究中国建筑者所必具之基础知识。

（四）外部轮廓之特异。外部特征明显，迥异于它系建筑，乃造成其自身风格之特素。中国建筑之外轮廓予人以优美之印象，且富于吸引力。今分别言之如下：

1. 翼展之屋顶部分

屋顶为实际必需之一部，其在中国建筑中，至迟自殷代始，已极受注意，历代匠师不惮烦难，集中构造之努力于此。依梁架层叠及“举折”之法，以及角梁、翼角、椽及飞椽、脊吻等之应用，遂形成屋顶坡面，脊端及檐边，转角各种曲线，柔和壮丽，为中国建筑物之冠冕，而被视为神秘风格之特征，其功用且收“上尊而宇卑，则吐水疾而霤远”之实效。而其最可注意者，尤在屋顶结构之合理与自然。其所形成之曲线，乃其结构工程之当然结果，非勉强造作而成也。

2. 崇厚阶基之衬托

中国建筑特征之一为阶基之重要，与崇峻屋瓦互为呼应。周秦西汉时尤甚。高台之风与游猎骑射并盛，其后日渐衰弛，至近世台基阶陛遂渐趋扁平，仅成文弱之衬托，非若当年之台榭，居高临下，作雄视山河之势。但宋辽以后之“台随檐出”及“须弥座”等仍为建筑外形显著之轮廓。

3. 前面玲珑木质之屋身

屋顶与台基间乃立面主要之中部，无论中国建筑物之外表若何魁伟，此段正面之表现仍为并立之木质楹柱与玲珑之窗户相间而成，鲜用墙壁。左右两面如为山墙，则又少有开窗辟门者。厚墙开辟窗洞之法，除箭楼仓廒等特殊建筑外，不常见于殿堂，与垒石之建筑状貌大异。

4. 院落之组织

凡主要殿堂必有其附属建筑物，联络周绕，如配厢、夹室、廊庑、周屋、山门、前殿、围墙、角楼之属，成为庭院之组织，始完成中国建筑物之全貌。除佛塔以外，单座之建筑物鲜有呈露其四周全部轮廓，使人得以远望其形状者。单座殿屋立面之印象，乃在短距离之庭院中呈现其一部。此与欧洲建筑所予人印象，独立于空旷之周围中者大异。中国建筑物之完整印象，必须并与其院落合观之。国画中之宫殿楼阁，常为登高俯视鸟瞰之图。其故殆亦为此耶。

5. 彩色之施用

彩色之施用于内外构材之表面为中国建筑传统之法。虽远在春秋之世，藻饰彩画已甚发达，其有逾矩者，诸侯大夫且引以为戒，唐宋以来，样式等级已有规定。至于明清之梁栋彩绘，鲜焕者尚夥。其装饰之原则有严格之规定，分划结构，保留素面，以冷色青绿与纯丹作反衬之用，其结果为异常成功之艺术，非滥用彩色，徒作无度之涂饰者可比也。在建筑之外部，彩画装饰之处，均约束于檐影下之斗拱横额及柱头部分，犹欧洲石造建筑之雕刻部分约束于墙额及柱顶，而保留素面于其他主要墙壁及柱身上然。整木构之髹漆为实际必需，木材表面之纯丹纯黑犹石料之本色；与之相衬之青绿点金、彩绘花纹，则犹石构之雕饰部分。而屋顶之琉璃瓦，亦依保留素面之原则，庄严殿宇，均限于纯色之用。

故中国建筑物虽名为多色,其大体重在有节制之点缀,气象庄严,雍容华贵,故虽有较繁缛者,亦可免淆杂俚俗之弊焉。

6. 绝对均称与绝对自由之两种平面布局

以多座建筑合组而成之宫殿、官署、庙宇乃至于住宅,通常均取左右均齐之绝对整齐对称之布局。庭院四周,绕以建筑物。庭院数目无定。其所最注重者,乃主要中线之成立。一切组织均根据中线以发展,其部署秩序均为左右分立,适于礼仪之庄严场合;公者如朝会大典,私者如婚丧喜庆之属。反之如优游闲处之庭园建筑,则常一反对称之隆重,出之以自由随意之变化。部署取高低曲折之趣,间以池沼花木,接近自然,而入诗画之境。此两种传统之平面部署,在不觉中,含蕴中国精神生活之各面,至为深刻。

7. 用石方法之失败

中国建筑数千年来,始终以木为主要构材,砖、石常居辅材之位,故重要工程,以石营建者较少。究其原因有二:

(1) 匠人对于石质力学缺乏了解。盖石性强于压力,而张力曲力弹力至弱,与木性相反,我国古来虽不乏善于用石之哲匠,如隋安济桥之建造者李春,然而通常石匠用石之法,如各地石牌坊、石勾栏等所见,大多凿石为卯榫,使其构合如木,而不知利用其压力而垒砌之,故此类石建筑之崩坏者最多。(2) 垫灰之恶劣。中国石匠既未能尽量利用石性之强点而避免其弱点,故对于垫灰问题,数千年来,尚无设法予以解决之努力。垫灰材料多以石灰为主,然其使用,仅取其黏凝性;以为木作用胶之替代,而不知垫灰之主要功用,乃在于两石缝间垫以富于黏性而坚固耐压之垫物,使两石面完全接触以避免因支点不匀而发生之破裂。故通常以结晶粗沙粒与石灰混合之原则,在我国则始终未能发明应用。古希腊罗马对于此方面均早已认识,希腊匠师竟有不惜工力,将石之每面磨成绝对平面,使之全面接触,以避免支点不匀之弊者,罗马工师则大刀阔斧,以大量富于黏性而坚固之垫灰垫托,且更进而用为混凝土,以供应其大量之建筑事业,是故有其特有之建筑形制之产生。反之,我国建筑之注重木材,不问石性,亦互为因果而产生现有现象者也。

二、属于环境思想方面,与其他建筑之历史背景迥然不同者,至少有以下可注意者四:

(一) 不求原物长存之观念。此建筑系统之寿命,虽已可追溯至四千年以上,而地面所遗实物，其最古者，虽待考之先秦土垣残基之类，已属凤毛麟角，次者如汉唐石阙砖塔，不止年代较近，且亦非可以居止之殿堂。古者中原为产木之区，中国结构既以木材为主，宫室之寿命固乃限于木质结构之未能耐久，但更深究其故，实缘于不着意于原物长存之观念。盖中国自始即未有如古埃及刻意求永久不灭之工程，欲以人工与自然物体竟久存之实，且既安于新陈代谢之理，以自然生灭为定律；视建筑且如被服舆马，时得而更换之，未尝患原物之久暂，无使其永不残破之野心。如失慎焚毁亦视为灾异天谴，非材料工程之过。此种见解习惯之深，乃有以下之结果：1. 满足于木材之沿用，达数千年；顺序发展木造精到之方法，而不深究砖石之代替及应用。2. 修葺原物之风，远不及重建之盛；历代增修拆建，素不重原物之保存，唯珍其旧址及其创建年代而已。唯坟墓工程，则古来确甚着意于巩固永保之观念，然隐于地底之砖券室，与立于地面之木构殿堂，其原则互异，墓室间或以砖石模仿地面结构之若干部分，地面之殿堂结构，则除少数之例外，并未因砖券应用于墓室之经验，致改变中国建筑木构主体改用砖石叠砌之制也。

（二）建筑活动受道德观念之制裁。古代统治阶级崇尚俭德，而其建置，皆征发民役经营，故以建筑为劳民害农之事，坛社亲庙、城阙朝市，虽尊为宗法、仪礼、制度之依归，而宫馆、台榭、第宅、园林，则抑为君王骄奢、臣民侈僭之征兆。古史记载或不美其事，或不详其实，恒因其奢侈逾制始略举以警后世，示其“非礼”，其记述非为叙述建筑形状方法而作也。此种尚俭德、诎巧丽营建之风，加以阶级等第严格之规定，遂使建筑活动以节约单纯为是。崇伟新巧之作，既受限制，匠作之活跃进展，乃受若干影响。古代建筑记载之简缺亦有此特殊原因；史书各志，有舆服食货等，建筑仅附载而已。

（三）着重部署之规制。古之政治尚典章制度，至儒教兴盛，尤重礼仪。故先秦两汉传记所载建筑，率重其名称方位、部署规制，鲜涉殿堂之结构。嗣后建筑之见于史籍者，多见于五行志及礼仪志中。记宫苑寺观亦皆详其平面部署制度，而略其立面形状及结构。均足以证明政治、宗法、风俗、礼仪、佛道、风水等中国思想精神之寄托于建筑平面之分布上者，固尤深于其他单位构成之因素也。结构所产生立体形貌之感人处，则多见于文章诗赋之赞颂中。中国诗画之意境，与建筑艺术显有密切之关系，但此艺术之旨趣，固未尝如规制部署等第等之为史家所重也。

（四）建筑之术，师徒传授，不重书籍。建筑在我国素称匠学，非士大夫之事。盖建筑之术，已臻繁复，非受实际训练，毕生役其事者，无能为力，非若其他文艺，为士人子弟茶余酒后所得而兼也。然匠人每暗于文字，故赖口授实习，传其衣钵，而不重书籍。数千年来古籍中，传世术书，唯宋清两朝官刊各一部耳。此类术书编纂之动机，盖因各家匠法不免分歧，功限料例漫无准则，故制为皇室官府营造标准。然术书专偏，士人不解，匠人又困于文字之难，术语日久失用，造法亦渐不解，其书乃为后世之谜。对于营造之学作艺术或历史之全盘记述，如画学之《历代名画记》或《宣和画谱》之作，则未有也。至如欧西，文艺复兴后之重视建筑工程及艺术，视为地方时代文化之表现而加以研究者，尚属近二三十年来之崭新观点，最初有赖于西方学者先开考察研究之风，继而社会对建筑之态度渐改，愈增其了解焉。

本篇之作，乃本中国营造学社十余年来对于文献术书及实物遗迹互相参证之研究，将中国历朝建筑之表现，试作简略之叙述，对其蜕变沿革及时代特征稍加检讨，试作分析比较，以明此结构系统之源流而已。中国建筑历史之研究尚有待于将来建筑考古方面发掘调查种种之努力。

◎ 我思我在

1. 哪两个因素使建筑形成显著的特征？

2. 梁思成先生略举中国建筑之主要特征时，也如建造房子一般，十分讲究艺术。请以列举“结构取法及发展方面之特征”为例，说说这种艺术。

3. 梁思成先生说：“一系统之建筑自有其一定之法式，如语言之有文法与辞汇，中国建筑则以柱额、斗拱、梁、榑、瓦、檐为其‘辞汇’，施用柱额、斗拱、梁、榑等之法式为其‘文法’。”梁思成先生将建筑与语言联系的依据可能有哪些？

◎ 专题研讨

每年春，王澍都会带学生去苏州看园子，有人问他那些园子你怕是都去过一百遍了，干吗还去？不腻？他回答：我愚钝，所以常去。作者真的是愚钝，才带学生去的吗？请谈谈你的理解。

※ 实践笃行

深院幽庭

——寻找传统建筑,感悟古典之美

我国有悠久的历史和灿烂的文化,留下了许多古老的建筑。可是,我国的建筑大多采用木结构,因而留下的古老建筑并不多。你的故乡有古老的建筑遗存吗?塔、民居、宗祠、寺庙、廊桥、古戏台、石拱桥、木连廊,都是汉民族的建筑智慧,审美建构。你关心过这些建筑遗存吗?今天就让我们一起走进江南三大元代建筑之首的延福寺,领略古典建筑之美,感悟古代劳动人民的智慧。

为了更加顺利地完成活动,请你做好如下准备:

1. 上网了解目前江南仅存的三座元代建筑;

2. 了解梁思成和林徽因执着于建筑的故事。

视角一:往事悠悠

1936年6月16日,浙江省处州府宣平县陈育仁先生向浙江省教育厅写信反映:宣平县桃溪镇陶村有座“千年古刹”,应予以保护。浙江省教育厅了解该信反映的情况后,下了训令给宣平县政府,指出:“宣平县陈育仁去函反映陶村延福寺为千年古筑,如果实系古代建筑,自应予设法查明保护。”宣平县政府于同年12月25日发训令“查明保护”。

第二年,浙江省政府要维修六和塔,邀请了我国著名的建筑学家、建筑设计大师梁思成、林徽因夫妇前来为维修六和塔出谋划策。当时,梁思成正在全国寻找唐、宋时期的古建筑,听到关于宣平县延福寺的消息后,梁思成夫妇就想亲自前往。

1934年10月,梁思成和夫人林徽因从杭州出发,经金华,过武义,来到宣平,专程考察陶村延福寺(今武义县桃溪镇)。在经过樊岭脚时,梁思成发现这个古朴的山村,住宅用当地的石块砌筑,他认为:“就地取材的农村建筑,如人们在浙江武义山区的农村中所见，在江南地区具有代表性的。”他还认为：“这使人不得不承认，建筑总是渗透着民族精神，即使是在如此偏远地区偶然建造的简陋小屋，也表现出这种情况。”为了对延福寺进行测量制图，两人在寺旁住了数天。梁思成后来在《中国建筑史》中，将延福寺、樊岭脚村的照片也编入其中。

延福寺位居江南仅存的三座元代建筑之首，请你写出目前江南仅存的三座元代建筑，指出它们的建筑学价值。

名　　称	地　　点	以何建筑构件闻名

视角二：斗拱嶙嶙

延福寺创建于后唐天成二年(927 年)，原名福田寺，送绍熙年间赐名延福寺，是江南著名的元代木构建筑。现存山门、天王殿、大殿、观音阁及厢房等建筑。大殿于元延祐四年(1317 年)重建，为江南已发现的元代建筑中最为久远的珍品。部分构件是北宋和南宋时的遗物。大殿方形，分五间，重檐歇山顶。原为单檐歇山顶，明天顺年间增建下檐，形成五开间重檐的外观。梁栿采用月梁造，劄牵弓形。上檐斗拱为六铺作单双下昂偷心造，下檐斗拱为单杪双下昂六铺作。此法开江南弓形梁之先声。殿内柱为中间大两头小，侧脚有防震功能，能抵御小型地震和台风。柱础，一为雕饰宝相花的覆盆柱础，上加石踬；一为踬形柱礶前檐柱与金柱之间用乳栿蜀柱，下端雕刻似鹰嘴。大殿下檐四周墙壁绘山水壁画和行草书作品，多为明代佳作。延福寺建筑比例匀称，是研究从宋到明这一历史过渡时期的实物例证。现为全国重点文物保护单位。

梁思成在延福寺考察以后，认为：“在北方和南方，都有相当一批建于醇和时期最后 150 年间的建筑实例留存下来。在此期间，斗拱有了许多重要的变化。其一是假昂的普遍使用，其最早实例见于晋祠；另一是耍头(梁头)，即柱头铺作上梁的外端(蚂蚱头)的增大。由于斗拱随着时代的演变而缩小，依旧制应相当于一材耍头在结构上就显得过于脆弱了。因此，比例上说，这时期的耍头就必须大于一材。而为了承受他，下面的华也得相应加宽。”“浙江宣平延福寺大殿(1324—1328年)〔元泰定年间〕,是长江下游和江南地区少见的一处元代建筑实例。它那彻上露明造的梁架结构是复杂的大木作精品之一。它虽具有元代特征,但其柔和轻巧却与北方那些较为厚重的结构形成鲜明的对照。”

你能用一个成语形容延福寺的斗拱吗?

视角三:屐痕处处

20世纪30年代,为了弄清楚北宋李诫编撰的、当时已经没有人能够读懂的中国第一部建筑学专著《营造法式》,梁思成与他的同道们跑遍中国各地,寻找中国古代建筑实例,终于读懂了《营造法式》这部古代建筑专著。1946年,梁思成完成了《中国建筑史》这本巨著。他在书中写道:“中国的建筑是一种高度‘有机’的结构。它完全是中国土生土长的东西:孕育并发祥于遥远的史前时期;发育于汉代(约公元开始的时候);成熟并逞其豪劲于唐代(7—8世纪);臻于完美醇和于宋代(11—12世纪);然后于明代初叶(15世纪)开始显出衰老羁直之象。”也就是梁思成在考察了大量建筑实例之后,把中国古代木构建筑分为三个时期:一、豪劲时期(850—1050年);二、醇和时期(1000—1400年);三、羁直时期(1400—1912年)。

延福寺的木构建筑属于哪个时期?请指出这些建筑时期对应的朝代,并分析风格变化的原因。

<table>
<tr><th>时　期</th><th>大体属于哪些朝代</th><th>变 化 的 原 因</th></tr>
<tr><td>豪劲时期</td><td></td><td rowspan="3">1.
2.</td></tr>
<tr><td>醇和时期</td><td></td></tr>
<tr><td>羁直时期</td><td></td></tr>
</table>

视角四:余音袅袅

延福寺殿内文物有宋宝祐二年(1254年)铸造的大铁钟一口;后殿前有元代石狮一对,殿内有元泰定元年(1324年)刘演书写的《重修延福寺记》石碑、明天顺七年(1463年)

陶孟端书写的《延福寺重修记》石碑。殿间有长生池，殿后有石涧井。山门和观音堂前有石狮拱门。山门和观音堂前有石狮拱门，两侧古柏参天，苍老遒劲，均为宋元时期所留古木。延福寺蜘蛛不结网，鸟雀不筑巢，一尘不染，为世之奇观。

延福寺处于浙南山区，偏居一隅，但是却吸引了梁思成、陈从周等建筑学家的眼光，可见其不凡的魅力。正如延福寺钟亭上对联：百八声为鲸杵感，一千载向鹫山鸣。

流水采采，岁月悠悠。如果你是当地人，你将如何向别人介绍延福寺的建筑呢？请你写一段推荐词。

活动自检

自检项目	学习任务细目	权重	自评
活动准备	1. 上网了解目前江南仅存的三座元代建筑； 2. 了解梁思成和林徽因执着于建筑的故事。	20分	
视角一：往事悠悠	请你写出目前江南仅存的三座元代建筑。	20分	
视角二：斗拱嶙嶙	用一个成语形容延福寺的斗拱。	20分	
视角三：屐痕处处	指出延福寺的木构建筑所属的时期，指出这些建筑时期对应的朝代，并分析风格变化的原因。	20分	
视角四：余音袅袅	请你写一段延福寺的推荐词。	20分	

新课标 新语文 新学习

锦心绣口

写作而没有目的，又不求有益于人，这在我是绝对做不到的。

——列夫·托尔斯泰

说话周到比雄辩好，措辞适当比恭维好。

——培根

如果说有一门学科与心灵关系最近，那无疑是语文；如果说有一门学科与生活关系最近，那无疑也是语文。心灵和生活共同指向语文的两极，从而使语文不仅拥有诗和远方，还有了扎根大地的力量。因而本板块的关键词是“实用”：“锦心”侧重于实用写作，“应世致用”就是它的目标；“绣口”侧重于实用口语，“互动对话”就是它的生活情境。我们希望你借此获得回归大地和生活的能力，第一流的文字在土地上生长，最终回到土地；从生活中诞生，最终走向生活。

应世致用

※“研究性小论文”写作活动

◎ **知识支架**

尊重学术规范

在现代社会，写作是一项重要的社会技能。一个人拥有良好的写作能力，往往意味着拥有更有效的社会沟通能力。既可以减少被人误解的可能，提升个人意见的认可率，又可以使人深入思考，梳理琐碎繁芜的社会事实，提升其抽象思维能力。

学术论文作为论文的一种特殊形式，其根本目的在于生产知识。知识的最终储藏状态是理性认识，即通过感性认识获取对事物乃至世界、社会和人生的稳定看法。感性认识是理性认识的基础。所以，在学术论文的写作中，写作者先要学会“讲故事”，能对研究对象进行具象的描述。因为把故事讲清楚，是“讲道理”的前提和基础。讲道理就是形成理论，是系统、条理且建构性地反思某种立场、观点和方法，形成系统化的知识。

学术论文一般是要追求理论贡献的，它需要阐明所讲概念的内涵和外延，阐明各个概念之间的关联、在不同情况下概念的变异以及它们的相关条件、机制后果等。

学术论文的写作是一种输出，要保证优质的学术输出，必须要有优质的学术输入。学术输入主要有三个方面：第一是阅读。这是学术写作最基本的输入，阅读不仅能提供写作的基本素材，而且能帮助形成写作的语言风格和学术气质等。第二是研究。研究不仅包括查阅相应的文献资料，也包括进行必要的实证调研，这些研究过程是整个学术写作的间架结构和基础要件。第三是思考。学术论文是思考的结晶，包括了作者原创的学术见解，而原创一定源于独立思考。

写学术论文必须要注重学术修辞。修是修饰的意思，辞的本意是辩论的言辞，后来引申为一切言辞，修辞也就是修饰言辞，即在语言的使用过程中，尽可能地利用各种语言手段来达到最佳的表达效果。在学术表述的逻辑中，最重要的目的是将研究论点呈现出来，并且以科学合理的论据对论点加以论证，说服读者、传递论点是最终目标。所有学术修辞的存在和使用都是为了服务于这个最终目标。

学术论文的写作一定要有修辞的自觉，要有意识地提高学术表达的准确性、可理解性和丰富性，尽可能地让学术表达符合表达初衷；要综合考量文章的谋篇布局和遣词造句等，让学术表达更适当、得体和到位。

写学术论文，一定要尊重学术规范。如何尊重学术规范？概括起来，就是"四不两注"。具体地说，就是不作假，不抄袭，不强词夺理，不一稿多投。尊重他人研究成果，引用资料注明出处，文末注明参考书目。对资料的引用和书目的注明，一定要在文中具体标出，而且按照参考文献的标准来写。引用资料须注明作者、标题、刊物名、时间等信息；参考书目须注明作者（编者或译者）、书名、版本、出版地、出版者、出版年、页码等信息。

学术写作没有快捷键，也没有终南捷径，必须踏踏实实、一步一个脚印，通过长时间的积累，培养学术的技艺与修养。技艺的养成特别强调当事人不仅要有系统的知识与逻辑，还要有广泛而持久的好奇心，以及对制造对象历史与文化的高度娴熟，同时，还要有精妙绝伦的想象力。

◎ **写作活动**

研究性小论文写作

情境创设

在一次交流会上，一位读者问著名作家余秋雨："余先生，我想请您谈一下，读万卷书，行万里路，两者关系如何？"余秋雨先是笑了一笑，继而回答："没有两者。书，就是路；路，就是书。"

余秋雨先生的话，表达了"路"与"书"之间的密切关系。如果说"路"可以指"实践"

“行动”“体验”的话，那么“书”可以指“理论”“知识”“经验”等。以前，我们总是认为“读万卷书”与“行万里路”都是获得教养的途径，“行万里路”是“读万卷书”的前提，或者说“读万卷书”是“行万里路”的基础。“读万卷书”是静态的，“行万里路”是动态的，毕竟书中知识有限，只有行路眼观耳识才能补其不足。读书可以让自己变得才识过人，并让自己的所学能在生活中体现，同时增长见识，理论结合实际，学以致用。这样，“行万里路”与“读万卷书”就构成了一种互补关系。而今，听了余秋雨先生的话，我们才真正感悟：“路”与“书”不是相离相斥的关系，也不仅是相辅相成的关系，还可以是复合同一的关系。“书，就是路；路，就是书”实际上反映了“知行合一”的思想。

任务驱动

中国人理解的“书”，其内涵是十分丰富的。从归属的角度看，“书”可以指自己的书，也可以指别人的书；从性质的角度看，“书”可以指实在的书，也可以指虚拟的书。

倘若从虚拟的角度切入，我们就可以打开一扇扇窗户，看到一个个新的天地。

我们所在的地方，历史上曾经有一些书院、文庙，这些知识的火种点燃了这片土地的教育之薪，点燃了这片土地的文化之灯，点亮了这片土地的文明之塔，使这片土地上的人告别莽荒，走向文明。这些书院、文庙，就是一本值得我们大写特写的大“书”。

我们所在的区域，往往有一些寺庙、道观，有的也许已经淹没在历史的荒烟蔓草中，仅存败井颓垣、残砖断瓦，令人惋惜不已；有的至今还沿袭着古老的传统，保留着固有的方式，延续着自身的做法，信徒虔诚依旧，香火旺盛如初。这些寺庙、道观，往往能影响一个地方的精神气质、道德心性，也是一本值得我们阅读思索感悟的大“书”。

我们所在的地区，也有一些有名的宗祠。看到宗祠，也许你会发出这样的疑问：我姓什么？我了解自己姓氏的历史吗？我知道自己家族的宗祠吗？我探寻过自己的郡望吗？也许，从家族的宗祠里，我们可以发现家族的特征，找到文化的符号，探索到民族的精髓。家族的规范、规程，家族的家训、家风，是一个值得我们去探究的新天地。家族的宗祠，也是一本大“书”。

我们所在的地区，有名山吗？有大河吗？有古桥吗？有名楼吗？有博物馆吗？有名人故居吗？有百年老校吗？山川风物、名胜古迹、园林景观、故居名校，可能蕴含着某些至今影响我们的习惯、意识、知识、经验、定理、准则、圭臬、法则、文化、传统、智慧，同样是一本大“书”。

现在，就让我们自定研究对象，自选研究伙伴，自拟研究课题，然后查找资料，展开调查，进行研究，最后写成研究性小论文，如何？

活动步骤

1. 制订方案

小论文的写作，不是一个人能完成的，而是需要我们组成研究学习小组，共同完成写作任务。同学同学，就是共同学习的意思。我们之间既分工又合作，通过调查、观察、考察、实验、记录、查找、讨论、探究等活动，最后获得共同的结果或结论。

那就让我们按照自己的愿望，四人构成一个研究单元，组成一个研究学习小组。在小组中，大家既有合作，又有分工。甲同学负责列提纲，乙同学负责搜集资料，丙同学负责书写，丁同学负责加注。最后大家轮流修改。

现在，我们以研究“浙江省浦江县的传统文化”为例，以“江南第一家”为研究对象，制定研究方案。

2. 搜集材料

要研究这个课题，我们要搜集哪些方面的材料呢？姑且按照本书的七个专题，从哲学、政治、经济、文化、教育、艺术、建筑等维度进行搜集。

● 哲学之维：《礼记大学》曰：“古之欲明明德于天下者，先治其国；欲治其国者，先齐其家；欲齐其家者，先修其身；欲修其身者，先正其心；欲正其心者，先诚其意；欲诚其意者，先致其知，致知在格物。物格而后知至，知至而后意诚，意诚而后心正，心正而后身修，身修而后家齐，家齐而后国治，国治而后天下平。”在中国先贤看来，“格物”“致知”“诚意”“正心”“修身”“齐家”“治国”“平天下”是一条理想的进修线。

梁漱溟在《中国文化要义》中写道：“家庭在中国人生活里关系特见重要，尽人皆知；与西洋人对照，尤觉显然。现在就是要追问其所以然之故。冯友兰先生近著《新世论》一书，有‘说家国’‘谈儿女’等篇，似在解答此问题。他大致是本于唯物史观，以一方在产业革命前，一方在产业革命后，彼此生产方法不同来解释的。他先阐明：凡未经过产业革命的地方，无论这地方是东是西，生产方法在某一阶段内，都是以家为本位；是即谓之生产家庭化。在经过产业革命的地方，主要是用机器生产，即打破了以家为本位的生产方法，而是以社会本位行其生产；是即谓之生产社会化。”哲学家的眼光能够穿越社会的迷障，在他们看来，古代中国社会是以家为本位的社会。

● 政治之维：郑氏在元明两朝都受到朝廷褒奖。元朝至大四年（1311 年）首次旌表为“孝义门”，元朝至元元年（1335 年）再次旌表为“孝义郑氏之门”。史载“部使者余阙行县，以其孝友七郡或莫之先复篆‘浙东第一家’以褒之”。元朝统治者为什么如此重视一个家族的治家经验呢？这是因为“家乃固国之本”，元朝统治者虽为蒙古贵族，不通汉族文化，但他们在长期的征战中，认识到汉文化对于夺取和巩固政权的重要作用。

明朝初年，朱元璋赐封郑氏门为“江南第一家”。朱明王朝为何如此重视郑氏家族呢？这不仅仅是因为郑氏不少族人参与了明初各项政策的制定，成为大明王朝的栋梁，更重要的是，朱元璋出于治国的需要，特别是朱元璋在明朝建立以后发动并全程领导了史上最大最严的反腐肃贪运动，大力打击贪污，需要借鉴郑氏家族的治家实践，以便有效地控制政局。家庭政治、家庭伦理建设，一开始就受到明朝统治者的重视，封建社会长期形成的宗法制度和思想体系，得到了继承和发扬。

● 经济之维：我国南北经济格局的变化与人口迁徙有着密切关系。在历史上，中原地区每一次较大的政治变动，就会引发一次较大规模的人口南迁。最大规模的南迁浪潮有三次：西晋“八王之乱”和“五胡乱华”的永嘉南迁、唐朝中后期的“安史之乱”的大迁徙、北宋靖康之乱的大迁徙。

两晋南北朝时期是我国历史上又一个大分裂时期，在长达一两个世纪的动乱中，中原人在阶级和民族的双重压迫下，纷纷南渡，出现了我国历史上第一次大规模的人口迁徙。随着西晋灭亡、晋室南渡，北方人口向南方迁移的规模更大，为我国经济和人口重心的南移奠定了基础。

隋唐时期是我国历史上少有的盛世年华，但“安史之乱”使黄河流域再次遭到严重破坏，百姓只好背井离乡，到相对安定的南方寻找安身之所。这次迁徙从“安史之乱”一直持续到五代十国时期，从根本上改变了我国人口地理分布的格局，南方的人口规模第一次与北方齐平。

由于金人大规模入侵而出现的“靖康之乱”以及其后长达百余年的宋金对峙，黄河流域成为主要战场，许多人被迫举族迁移，而南方相对安定的社会环境和大量未开垦的耕地吸引了他们。而南宋在临安建都，进一步推动了人口迁徙。随着北方大量劳动力和先进垦殖技术的南迁，原先的“蛮荒之地”大多变成了“鱼米之乡”。经过这一次大迁徙，经济上南强于北的局面已经出现。

浙江省浦江县郑宅镇的郑氏先祖，应该是在第三次人口大迁徙时从北方迁至南方的。经过几代人的经营，到明朝初年，郑氏家族步入鼎峰。此时，郑氏家族已是“阖族殆千余指”，家族规模宏大，组织严密，家底殷实，誉播八方。

● 文化之维：在被誉为中国儒家“家族文化”典范的浦江县郑宅镇的“江南第一家”，九座牌坊矗立在古镇入口。九座牌坊，恰合郑氏义门的九世同居，展示着郑氏九世同居的深远文化内涵与历史信息。

第一座牌坊叫“江南第一家”。郑氏家族从南宋开始同居，到明初已经几百年没有分家，几千人同财共食，和睦相处。郑氏义门的孝义闻名天下，为了表彰义门代代相传的孝义家风，朱元璋在洪武 18 年(1385 年)亲赐“江南第一家”予以旌表。

第二座牌坊叫“孝义门”。郑宅原叫仁义里，后来因为郑氏家族的孝义家风被历朝所推崇，许多感人的孝义事迹也常被乡民传颂，又经常被朝廷表彰，就改成了孝义门，后来连村名也叫作孝义门了。

第三座牌坊叫“三朝旌表”。郑氏义门从南宋开始不论风云如何变幻，不论是战争乱世还是太平盛世，他们总是始终如一，家族的日子还是过得有条不紊。不管在什么条件下都起着忠节义孝的表率作用，所以在宋元明三朝都受到朝廷的旌表。

第四座牌坊叫“有序”。因为郑氏义门把“有序”和“师俭”当作了治家的两大支柱。“有序则不乱，不乱则安。”郑氏义祠堂专门设立了一个有序堂，每日用家规相关内容教育子孙，以维持家庭的秩序。

“有序”牌坊后，依次叫“恩德”牌坊、“麟凤”牌坊、“取义成仁”牌坊、“礼部尚书”牌坊和“九世同居”牌坊。九座牌坊的建筑风格和建筑材料各不相同，有砖木混合结构的，有木结构的，有石雕的，有砖雕的。自牌坊群落成后，“江南第一家”的知名度和美誉度大大提高。

● 教育之维：东明书院前身为东明精舍。据光绪《浦江县志》载，在东明山之阳，县东三十里，元青田尉郑德璋创精舍于此，为郑氏子孙读书之所。在此期间，郑氏家族先后制定《家范》58 则和《续谱》73 则。宋濂继吴莱而主讲二十余年，授经著书，与其徒天台方孝儒，义门诸弟子讲学于此，有东明山精舍壁记。宋濂于东明精舍主讲期间，参与制定《郑氏规范》168 条，成为家训族规之典范。乾隆癸未（1763 年）郑氏合族移建精舍于义门外东偏里许，改称东明书院，期间进行多次修葺，今存围墙及乾隆壬午年重立东明书院石匾。

东明书院位于浙江省中部，属于钱塘江水系。浦江北连杭州、严州，东达绍兴、明州，南至处州、台州，西通衢州、江西，地理位置十分优越。东明书院鼎盛时期，四方学者慕名前来求学，蔚为壮观。

● 艺术之维：浦江县郑氏宗祠有正旁二门，走近南向大门，即见高悬于檐上明太祖朱元璋敕封的"江南第一家"大匾，大匾下方为明朝万历进士张应槐手书的"敕旌孝义宗祠"的门匾。门前四柱上书两联，第一副对联是："三朝旌表荣恩第，九世同居孝义家。"此联以"三朝"对"九世"，以"荣恩"对"孝义"，凸显了郑氏家族的荣耀与光芒。第二幅对联是："文章空冀北，孝义冠江南。"上联写文章，下联写道德，反映了郑氏族人空前绝后的才华与品德。

郑氏宗祠同居碑亭有一副对联："合族源流始，同居发朝初。"全联典出郑氏同居始于南宋建炎年间，历二百六十余年而不散，宋、元、明三朝都曾旌表为"孝义家"。联中"合族"对"同居"，"源流"对"发朝"，"始"对"初"，表现了郑氏家族承前启后、继往开来的历史，反映了郑氏家族的恢弘气势。

● 建筑之维：浦江郑义门古建筑群为浙江省历史文化保护区。郑氏家祠始建于元初，后来经过明清时期数次扩建，虽有破坏，但基本格局尚存，结构宏敞，风格古朴。宗祠内高悬众多历代名人题匾和联语，具有很高的艺术价值和文物价值。前厅及拜厅天井内有尊为明初文臣之首宋濂手植的古柏，枝干虬劲，上薄云天。郑义门尚有孝感泉、九世同居、东明书院、玄麓八景、宋濂故址、崇义桥、老佛社、圣谕楼、昌七公祠、垂裕堂、尚书第、白麟溪古桥九闸、建文井、正德井、元鹿山房等元明清古迹 50 余处，元代郑氏义门祠堂碑、白麟溪碑和郑德璋墓标，明代文侯赐祭之碑、翰林学士宋文宪公碑。郑义门古建筑群内容丰富，蔚成群观。

3. 形成解释

我们还可以观看动漫片《郑义门》，参考张文德的《江南第一家》（浙江古籍出版社1996年版）、中共浙江省浦江县委宣传部所编的《宋濂暨“江南第一家”研究》（杭州大学出版社1995年版）、山海经丛书之一《“江南第一家”民间奇闻录》（浙江文艺出版社1983年版），林友桂编著的《浦江郑义门营造技艺》（浙江摄影出版社2014年版）等书籍。

研究学习小组根据教师创设的写作情境，围绕写作的主题，对有关内容进行评议。当然，也可以重新拟题，明确选题方向，写出小论文的标题。作为学术性小论文，其标题有如下几个特征：① 无语病；② 无口语；③ 有含量；④ 有概念。

4. 梳理分析

根据以上七个维度，结合调查研究所得与报刊书籍等资料，对浦江郑义门的相关信息进行梳理与分析，找到一个研究的思路。

请建构你的设想，描述你的思路，列出你的提纲。

建构示例：《“江南第一家”的历史变迁》可以分为五个部分：① 地理位置；② 建筑布局；③ 历史发展；④ 孝义之道；⑤ 结论。

5. 依纲写作

6. 加注修改

写作研究性论文时，我们都要知道的参考文献的规范写法：

(1) 专著 [序号] 编著者.书名[M].版本.出版地：出版者，出版年：页码.

(2) 期刊 [序号] 作者.题目[J].刊名，年，卷(期)：页码.

(3) 学位论文 [序号] 作者.题目[D].地点：保存单位，年.

(4) 论文集，会议录 [序号] 主要责任者.题名[C].出版地：出版者，出版年.

(5) 论文集中析出的文献 [序号] 作者.题目[C]//主编者.论文集名.出版地：出版者，出版年：页码.

(6) 科技报告 [序号] 作者.题名[R].报告题名及编号.出版地：出版者，出版年.

(7) 国际、国家标准,行业规范 [序号] 标准制定者.标准编号 标准名称[S].出版地:出版者,出版年.

(8) 专利 [序号] 专利申请者或所有者.专利题名:专利国别,专利号[P].公告日期或公开日期.

7. 结语

回首白墙黛瓦相映的民居,回想大气婉约相谐的古镇,心中油然生出一种莫名的感动。“平天下必从齐家始”,郑氏家族树立了理学治家的丰碑,《郑氏规范》散发着中华文明的光芒,“江南第一家”不愧为千年儒家文化的典范。但愿,这次的研究性论文只是一个开始,随着学养的增加和研究的深入,我们能够做更多更好的研究。当然,在撰写研究性论文的时候,我们一定要牢记:尊重他人的研究成果。

自我评价

学术性小论文评分标准

类　别	项　　目	分 值	自 评
挖掘自我的研究潜能	内容充实,要点突出。	20分	
	观点独特,见解新颖。	20分	
	框架合理,结构严谨。	20分	
尊重他人的研究成果	具体标出资料出处。	10分	
	文末注明参考书目。	10分	
	正确书写参考文献。	10分	
	文后参考文献表中至少列出三位作者姓名,引用网络文献标注访问时间。	10分	

互动对话

“学术论文答辩”口语活动

◎ **知识支架**

答　辩

我们经常听各种各样的答辩，也经常要准备自己的答辩。在高中阶段，我们就要打下答辩的基础。当我们升入大学，写成学术论文后，还要进行学术论文答辩。当然，高中阶段的学术性小论文答辩是为大学阶段的学术论文答辩打下基础。那么，什么叫答辩？答辩要注意什么呢？

首先，要熟悉答辩家族的成员。所谓答辩，应答别人的提问，为个人的论点或行为所作的回答或辩解。在法律领域，答辩是指在法庭上为答复一种陈述、告发或起诉所作的辩护。在教育领域，答辩是指学术活动中为自己的科研成果或论文进行解释并答复专家的提问。

其次，要区别答辩与辩论的面孔。一是主体地位不同，论文答辩者和专家的地位是不同的，而辩论双方是平等的；二是目的不同，论文答辩的目的是寻求指导，希望对自己的论述进行订正，而辩论用一定的理由来说明自己对事物或问题的见解，揭露对方的矛盾，以便最后得到共同的认识和意见；三是语气不同，论文答辩讲究礼貌，而辩论则锋芒毕露。

再次，要防止答辩朗读化。答辩最容易犯的问题是简单地将学术论文原封不动地在会上读一遍，这样做的效果肯定不好。因为论文是用文字表达的，答辩是用语言表达的。这两种表达方式的根本区别就决定了写论文和作答辩的区别。看论文的人是主动要看的，听答辩的人却不全是主动要听的，所以能否吸引听众，让他们听你讲，是答辩者首先遇到的挑战。看论文是不受时间限制的，可以颠来倒去反复看，不怕一时看不明白，而听答辩是有时间限制的，听不明白的地方不能立即解决。所以答辩应简明扼要，重点突出，易于理解。

◎ 口语交际活动

学术论文答辩

情境创设

心理研究表明：人是爱表现的动物。恩格斯说：发展和表现自己是生活的基本需要之一。于光远先生承认自己是“二表人才”，即爱表现自己和爱受表扬。他认为，只要表现自己的东西是真实的，受表扬时不失自知之明，就足够了。现代社会是一个开放的社会，一个人在事业上有所作为，就要时时表现自己。

经过一段时间的探索与研究，我们的研究学习小组终于完成了《“江南第一家”的历史变迁》。现在就把我们的研究成果展现出来，让大家分享。

活动准备

1. 在学术论文答辩之前，要制作 PPT；准备制作 PPT 之前，先思考“我在哪里答辩”“我的答辩讲给谁听”“专家了解我的主题吗”“为什么听众来听我的答辩”“他们听我答辩的目的是什么”“我的优势和劣势是什么”这几个问题。

2. 俗话说：“入理靠嘴，入情靠心。”从下列问题中选出需要着重思考的要点，做好答辩准备，时间一般不超过 10 分钟。其中第①至③题必做，然后从第④至⑩题中，根据自己实际，再选取二三个问题，内容最好烂熟于心中，不看稿纸，语言简明流畅。

① 为什么选择这个课题，研究它有什么学术价值或现实意义；

② 说明这个课题的历史和现状，即前人做过哪些研究，取得哪些成果，有哪些问题没有解决，自己有什么新的看法，提出并解决了哪些问题；

③ 论文的基本观点和立论的基本依据；

④ 学术界和社会上对某些问题的具体争论，自己的倾向性观点；

⑤ 重要引文的具体出处；

⑥ 本应涉及或解决但因力不从心而未接触的问题；因与本文中心关系不大而未写入的新见解；

⑦ 作者提出的见解的可行性；

⑧ 定稿交出后，自己重读审查新发现的缺陷；

⑨ 写作学术性论文的体会；

⑩ 学术性论文的优缺点。

活动步骤

1. 明确要点，注意区别

我们像研究性论文写作那样，分成小组，确定一位同学为组长，然后给“答辩”“论文”下定义，发现“答辩”“论文”之间的区别。注意：要做好答辩的准备，不是宣读论文，也不是宣读写作提纲和朗读内容提要。

2. 声像示范，学习流程

(1) 课件播放论文答辩视频，我们观察：答辩的先后顺序是怎样的，答辩者应该怎么做，听众应该做什么。

各位老师，下午好！我叫某某某，是**级**班的学生，我的论文题目是******，论文是在**导师的悉心指点下完成的，在这里我向我的导师表示深深的敬意，向各位老师不辞辛苦参加我的论文答辩表示衷心的感谢，并对三年来我有机会聆听教诲的各位老师表示由衷的敬意。下面我将本论文设计的目的和主要内容向各位老师作一汇报，恳请各位老师批评指导。

首先，我想谈谈这篇毕业论文设计的目的及意义。

作为计算机应用的一部分，图书销售管理系统对图书销售进行管理，具有着手工管理所无法比拟的优点，极大地提高图书销售管理效率及在同行业中的竞争力。因此，图书销售管理系统有着广泛的市场前景和实际的应用价值。

其次，我想谈谈这篇论文的结构和主要内容。

本文分成五个部分。

第一部分是综述。这部分主要论述本系统开发的目的和意义,与业务相关的管理原理,以及与系统相关MIS系统开发原理与方法。

第二部分是系统分析。这部分分析用户需求,进行调查研究和分析,目的是根据用户的需求和资源条件,以现状为基础,确定新系统的逻辑模型,即从抽象的信息管理角度出发,为使用户满意,系统应对哪些信息做怎样一些存储、变换与传递,具备哪些功能,从而明确系统应该做些什么。

第三部分是系统设计。通过系统总体设计及详细设计对系统分析的结果进行整合,目的是要得到一个令用户满意的良好的实现方案。

第四部分是系统实现.根据系统设计的内容,讨论了该系统对人员与平台的要求,以及数据库表结构的建立与数据输入,并进行应用程序设计与测试。

第五部分是系统运行。这部分描述了系统操作使用的方法,进行一些系统测试,并评价了该系统。

最后,我想谈谈这篇论文和系统存在的不足。这篇论文的写作以及系统开发的过程,也是我越来越认识到自己知识与经验缺乏的过程。虽然,我尽可能地收集材料,竭尽所能运用自己所学的知识进行论文写作和系统开发,但论文还是存在许多不足之处,系统功能并不完备,有待改进.请各位评委老师多批评指正,让我在今后的学习中学到更多。

谢谢!

(2) 看了视频,发现答辩者和听众要注意什么?

明确:答辩者的注意事项:① 带上自己的论文、资料和笔记本;② 注意开场白、结束语的礼仪;③ 坦然镇定,声音要大而准确,使在场的所有人都能听到;④ 听取答辩小组成员的提问,精神要高度集中,同时将提问的问题一一记在笔记本上;⑤ 对提出的问题,要在短时间内迅速做出反应,以自信而流畅的语言,肯定的语气,不慌不忙地一一回答每个问题;⑥ 对提出的疑问,要审慎地回答,对有把握的疑问要回答或辩解、申明理由,对拿不准的问题,可不进行辩解,而实事求是地回答,态度要谦虚。

听众的注意事项:① 保持安静,不插话;② 注意听讲,眼睛看着发言者;③ 记下有启发意义的话语。

3. 熟悉方法，初步练习

(1) 组员陈述

(2) 教师提问

(3) 组员回答

(4) 组长提问

(5) 组员回答

4. 创设情境，自由交际

(1) 组员陈述，时间为3至5分钟。

(2) 组长提问，只提问1至2个问题。

(3) 组员答辩。正面回答或辩解，允许准备5至8分钟。

(4) 组长评定。答辩会后答辩小组评定，交语文大组审定。

5. 活动感悟，经验总结

我们在回答提问时要注意什么？

明确：回答提问时要注意如下几点：① 方向正确。正面回答问题，不转换论题，更不要答非所问。② 重点突出。抓住主题、要领，抓住关键词语，言简意赅。③ 清晰明白。开门见山，直接入题，不绕圈子。④ 有答有辩。有坚持真理、修正错误的勇气。既敢于阐发自己独到的新观点、真知灼见，维护自己正确观点，反驳错误观点，又敢于承认自己的不足，修正失误。⑤ 辩才技巧。讲普通话，用词准确，讲究逻辑，吐词清楚，声音洪亮，抑扬顿挫，助以手势说明问题；力求深刻生动；对答如流，说服力、感染力强，给教师和听众留下良好的印象。

新课标

新语文

新学习

我学我秀

当仁不让于师。

——《论语·卫灵公》

在本次学习之旅即将结束之时，我们为你送上两份礼物：“展览平台”收录的是你的同龄人在旅程中的成果，我们希望这些成果给你借鉴，予你鼓励，期待看到属于你的独一无二的作品；“自我评估”则是一份综合测试题，当然它不是日常考试的模样，我们希望给你的是一种更友好、更灵活的面孔，你可以借此评估自己的学习收获。

所有的相遇都指向分离，但学习不是。你读过的这些文章、思考过的这些问题，以及写过的这些文字都化成了你的一部分，跟随你，永不分离。

展览平台

“江南第一家”的历史变迁[①]

朱文静

“江南第一家”的位置和建筑布局

“江南第一家”又称“郑义门”“郑氏义门”，位于中国浙江省浦江县郑宅镇。“郑氏义门”古迹众多，主要有郑氏宗祠、孝感泉、建文井、白麟溪碑、十桥九闸、天将台等，其中以郑氏宗祠最为著名。郑氏宗祠始建于南宋，扩建于元初，占地六千六百平方米，迄今已有870余年历史。后来经过明清时期数次扩建，虽有破坏，但基本格局尚存，端庄肃穆，古朴厚重，与它的儒学文化内涵协调，本身就是极为独特、很有观赏价值的古建筑群体。祠内建筑端庄肃穆，古朴厚重，有“千柱落地”“不结蛛网，夏无蚊蚋”之美谈，内悬历代名人显宦匾额琳琅满目。现被列为国家重点文物保护单位，与玄鹿山合列为省级风景名胜区。

进入浙江省浦江县的县城，东行12千米，就到了著名的古镇——郑宅镇。郑宅镇是浦江县一个山清水秀的地方，和江南其它古镇不同的是，它不是一味的妩媚飘逸，在小桥流水之间，在花草树木之内，在白墙青瓦之上，在人们言谈举之中，它俨然显示出别的镇上所少有的庄严。今天的郑宅镇的街道上依然露出丝丝古风，在百麟溪上横跨着十座石桥，就是“江南第一家”有名的自然景观十桥九闸。桥建于明代，几经修造，每座桥设以水闸，便于人们洗濯。白麟溪水源于风景秀丽的玄鹿山，溪水清澈荡漾，两岸柳丝飘动，景色绚丽宜人。过桥可见一碑亭，即坐落于白麟溪南岸、建于清朝乾隆二十三年(1758年)的九世同居碑亭，上面刻有元代翰林学士承旨禄帖木耳手书的“一门尚义、九世同居”八个大字，以垂诫后世。

郑氏宗祠位于小镇的中心。一进偏门，一块明太祖题的“江南第一家”的巨大匾额赫

---

① 选自朱昌元《高中生研究性论文精编》(浙江古籍出版社2003年版)。

然在目，门前两旁书着“耕”“读”“忠信孝悌”“礼义廉耻”十个大字。全祠大门向西，面向白麟溪，门额“郑氏宗祠”匾。入门后，右侧有一石碑，上书“白麟溪”，是元丞相脱脱所书，左边是一排苍劲古柏，据传是宋濂亲手所植；旁边的水池称“洁牲池”，里面有两个小池，形成一个“品”字。一行古柏，一个品字，寓意“一品当朝”。整个郑氏宗祠可分为五进，前为师俭厅，次为中庭，三为有序堂，四为孝友堂，即拜厅，五为寝室，正位供奉同居列祖神位。拜厅正悬“孝友堂”匾，左悬“会善钟”，右有“听训鼓”。这儿的钟鼓在当时是很有讲究的。“会善钟”每天早上敲二十四下，全族人员同时起床；接着敲四下，同时梳洗；再敲八下，男女分成两队，到“师俭厅”来听家长训话。敲“听训鼓”即表示家长开始训话。全祠共有屋六十四间二弄，祠内元、明两代柳贯、王锡爵等历史名人以及当代书法家的碑刻、匾额、楹联达三十多块(对)。“孝义家”三个大字的巨匾是明太祖朱元璋御笔；“孝友堂”是明惠帝亲题；“师俭”为翰林周伯温所书；“敕旌孝义宗祠”原为明进士张奕槐手书。

“江南第一家”的历史

郑姓源于姬姓，公元前806年，周宣王把一个叫“郑”的地方(今陕西省华县东)分封给他的小弟弟姬友，这位姬友便是郑国的开国君主郑桓公。公元前375年，郑国被韩国灭掉，其末代国君郑康公的子孙及其宗室从此改姬姓为郑姓。浦江郑氏氏七房郑氏的白麟后代，经过几代繁衍，郑氏子孙自牖(字孟纳，官至殿中侍御史)，因“直谏”遭谪，其十三子生渥、況、淮三人。其中郑淮最为突出，年才十三就“颖敏绝伦”，苦学三年，“洞究章旨”。北宋时候，郑淮与两位兄弟迁至浦江，人称“浦阳三郑”。朱佺“礼宠之，约以外家女宣氏为配”，郑淮入赘承恩里宣氏家为女婿，改香岩溪为白麟溪，以示不忘祖宗。郑淮迁浦江后生郑照，郑照生二子，长子郑缊，世称冲应处士；次子郑绮，世称冲素处士，这便是同居第一世祖。郑氏同居史有三位关键性的人物，郑绮便是其中一位。

郑绮生于北宋徽宗重和二年，即1118年。9岁的时候北宋变成了南宋，他面临的是国破家亡的境况，11岁的时候，振兴家业的重任就落在他的肩上。由于郑缊廿岁早夭，实际上由郑绮主持家政。郑氏家族同居前期，时逢天下大乱、饿殍遍野的南宋初年，郑绮的祖父郑淮在“靖康岁俭，鬻田一千余亩”以救济灾民，而至郑绮辈已家道中落。开创初期，郑绮肩负着振兴家业的重任，开始以“孝义”为宗旨治理家政。郑绮是个有理想的人物，善读书，通《春秋》、《谷梁》学，撰《春秋谷梁合经论》，他向往先民们描绘的人类大同世界。他要以《春秋》中所再三阐述的中华美德来治家。这种美德的核心，他归结为“孝顺父母、兄弟谦让、勤劳俭朴、尊师重教、和为贵、善施与”等。他认为如果在郑氏家庭里实现这样的美德，那他理想中的乐园也就随之来到了。他倡导全族内部共财聚食，一切生产资料归全族集体所有，个人不得私置财产，吃饭实行大食堂。这样做的目的，一是为了发扬光大家业，二是为了增强家族的凝聚力。郑氏阖族同居就从南宋建炎二年(1129年)开始了，因此，人们称郑绮为同居第一世祖。

同居第一世祖郑绮以“纯孝”儒生为正史记载。关于郑绮的孝迹，据墓志铭载有以下几条为后来政治家称道和引以为楷模的：一是救父。其父郑照得罪势家致囚，他“号泣奔视”，“以额叩门”，“血淋被面”并“历陈父子大义”，上书刺史钱端礼，“乞代父受刑”。二是孝母。其母病，“手足不能屈伸”，郑绮“日候床下，抱持以就便溲者三十年”；母亲乐饮泉水，天旱，泉水涸竭，绮浚之勿得，乃仰天大恸，水忽涌入沸，甘如醴。三是出妻室。郑绮初取妻丁氏，丁氏事婆婆不敬，出语谇之，后事闻于绮，绮将丁氏休去，重取阮氏，阮氏与嫂不相能，又出之，时阮氏已生子闲，绮但为嫂嫂，终不顾私。客或疑其太过，绮谢客曰：“因一妇而构一家不和，绮义不为也。”四是善待族人。靖康间，先组准鬻产赈饥，至绮已生涯窘迫，严陵族子有流离来依，绮割自耕田助之。五是拒绝赈济。黄姓大户见绮毁产赈荒，贫无以自存，“袖白金二斤往遗”，郑绮拒之，说：“宁饿死，岂肯受无名之赐?”六是重操守。“傅夫人卒”，绮“蓄女方九岁，与之处十二年始嫁，女犹处子。”七是勤耕苦读。他嗜学，每出耕，挂书牛角而读，通《春秋》《谷梁》学，著《合经论》数万子字。以上孝迹苦行，也正是封建社会中理想的人格准则，“行之一身则一身正，行之一家则一家顺，行之一郡则一郡理，行之四海则四海翕然称化”。郑绮以布衣终志，一生未仕。他躬行实践，以孝治家，为郑世家庭合居奠定了行为准则。临终之际他立下遗嘱：“吾子孙有不孝不悌，不共财聚食者，天实殛罚之。”各世子孙执祖训不逾，在乡里和睦相处，有义风，如四世孙郑政，号蓝逸民，恭俭有文，善积贮，家渐殷富；淳祐中，大疫起乡间，转相传染，人心恐惧，裹粮奔他乡。政之母病甚，政与妻冒死守护，竟以无恙。孝义之行，人以为可袪病魔。

郑氏家庭到了第五世，适逢宋元交替之际，社会动乱使统治者寻找治理国家的良方，也给这个家庭一个繁衍生息的机遇，为它名垂史册创造了条件。五世祖郑德璋是郑氏

"九世同居"史上第二位里程碑式的人物。他一生在整治家业中做了三件大事,为巩固长久同居奠定了理论基础和物质基础。

其一是建立乡间联防武装,保卫邻里安全。宋咸纯末年,社会动荡不安,为了安定社会,郑德璋"以计诱巨魁,缚送有司",并联合同里舍的人作砦栅以防其余党之奔突,以联防的力量建立乡闾武装,保卫本家族和邻里。

其二是制定治家准则。郑德璋主持家政时,"思以法齐其家,每晨出,击钟集家众展谒先宗,聚揖有序堂"上,申"勿听妇言"之戒,这为其子大和制定家规并赋予"法"的意义奠定了理论基础。

其三是注重对本族子弟的教育,开办乡里私塾——东明精舍。他"痛其子孙之失学",在离家一里的东明山创建了东明精舍,规定年满十六岁的族人必须就读其中,使郑氏人的治学走向系统化正规化。在这种精神的感召下,"元代儒林四大家"虞集、揭奚斯、柳贯、黄晋先后到东明精舍讲学了。精舍不但培养本族子弟,也面向社会为国家培养人才。

从以上三点,可以看出郑德璋是位较有远见的封建社会治家楷模。他从建立乡闾联防武装、制定治家准则、开创家庭教育三方面入手,为郑氏家族的巩固做出了开创性的努力。虽然,他仅是从治家角度来从事三方面建设,但是又十分清醒地将儒学观念与治家准则拴系在一起,将家和政权拴系在一起。于是,敏锐的政治家马上发现了这不仅是治家的方略,也是治国的一种模式。

郑德璋之子六世郑文融主持家政时,将父亲开创的家庭事业发展到一个新的阶段,是继郑德璋并步入仕途的又一家庭开创者。他为了政治家业,解甲归田,居家专心研究古今治家之道,尤其是理学的治家理论。他在前辈治家理论的基础上,再加上延柳贯、吴莱、宋濂等儒林巨子的参与,制定了《家范》58 则,其主要内容为:不奉老子浮屠经像;冠婚丧祭必稽古;子孙须行孝谨;货田赋之属各有所司,职责分明;诸妇人唯事女工,不得干预家政;宗族里闾内外有别等。这就是郑德璋"以法齐家"的治家宗旨,首次在郑文融主持下付诸条文,也是家庭史上著名的《郑氏规范》的雏形。

郑文融之子郑钦是"著续七十三则以补其未备"的郑氏家庭史上又一里程碑式人物。73 则续谱是郑钦在 58 则既定家规基础上,另行增补的一些具体规定,其目的是"翼导防范之道”。郑钦主持家政时期,已经超越了合族而居、安居乐业的传统观念,他大力提倡族人出仕谋官,并“资而勉之”。这说明家庭领袖已不囿于家族的小天地,鼓励仕途,奖掖从政,以便将家庭礼义推于治世。此时的郑世家庭充满着一种自信心,他们相信自己治家的心得也会在治国的宽广领域里见到成效。

在这个时期,宋濂介入该家庭是该家庭史上引人注目的一页。宋濂,这位写过千古名篇《宋东阳马生序》的大文学家来到东明精舍做学生,毕业后留校做了教师。宋濂做了教师,使郑家的德政又向前迈进了一大步。宋濂是郑氏家族引以为荣的精神支柱,他在1334 年慕其家风淳淳追随吴莱,负笈就读东明精舍。后由吴莱推荐,主讲精舍 20 多年。宋濂在东明精舍教学期间,为当时社会培养了数以百计的人才,参与制定的《郑氏规范》依傍理学,其明晰性、条理性较其他家训族规,有其难以比拟的宪法效力。同时,东明精舍不断开拓校舍,广延名师,吸引四方学者慕名前来求学,精舍由培养本族子弟转而面向社会。由于家庭的发达和教育的兴旺,由宋代仅两人从政至元代发展为十四人。朱明皇朝初年,郑氏家庭步入鼎盛时期。此时,家庭规模宏大,组织严密,为世人瞩目而誉播四方。郑氏家庭的族人在明初已大批跻身于社会高层统治行列,这与布衣时代的开创期和屈居下层官吏的发迹期已不可同日而语了。据统计,明初从政的郑氏族人被委以重任者有 47 人之多,其中许多成为朱明初年的台阁重臣,其弟子出仕居官遍布全国,但出仕生活并非依赖吃皇粮而取资农耕与佃租。

后期同居经历永乐、洪熙、宣德、景泰各朝。由于宋濂和朱元璋的逝世,再加上建文之难,朝廷带给“郑氏义门”的那种显赫光芒已渐渐消失。然而“郑氏义门”以儒学治家的内核依然显示出顽强的生命力,一直义居到天顺三年。1460 年,一场大火烧毁了郑家的府第,郑家无力再建,同居只好改为以义字辈分家,世称小同居,每月的初一和十五两天到宗祠里聚食。到这时,作为十五世同居历史已告结束,但是义居遗风遍布全国,流芳后世。

“江南第一家”的孝义之道

有着十五世同居辉煌历史的“郑氏义门”给我们留下了许多值得研究的重要文献,如《郑氏家仪》《郑氏规范》等,详细记录了宋、元、明社会农民的日常生活、劳作、冠婚丧祭祀等内容,堪称一个“封建家族博物馆”。据介绍,作为程朱理学治家的样板,郑氏一家的治家经验还被朱元璋借鉴到治国实践当中去。《郑氏家仪》共著五礼：一通礼，二冠礼，三婚礼，四丧礼，五祭礼，是一部郑氏日用家仪，是一部儒家理论行为化的著作，为元末八世孙郑泳著，欧阳玄序。五礼中，一半对活人，一半对死人，而着眼点还是针对活人，治活人之心，解决人与人之间的关系，有序则不乱，不乱则安；俭，解决人与欲的关系，师俭则无欲，无欲则廉。封建宗法社会把人与人之间的关系归纳为五：君臣、父子、兄弟、夫妇、朋友，叫五伦。此五者，莫不由礼来加以调谐。五者和谐，辞让多而争夺少。辞让多，则人和；绝相争，则无患。"郑氏义门"把"有序"与"师俭"放在对等位置，倡导俭朴家风。《郑氏家仪》中的五礼，目的非常明确，操作程序十分具体而又具有独创性。

《郑氏规范》是一部典型的以修齐治平为主旨的治家宗法。它融道德修养、行为规范、生产管理、生活学习等制度及奖惩措施为一体，共 168 条，分三个阶段完成。六世孙大和制定 58 条，后七世孙郑钦又续写家规 73 条，郑铉补写家规 92 条，再由八世孙郑旬廉等兄弟五人将三规合一，略加规并增减形成 168 条。逐渐完备的《郑氏规范》，不但使郑氏同居达到辉煌的顶点，而且补充和完善了明朱元璋"礼刑辅"的世事法律观，在中国法律史上具有进步意义，对儒学理论观渗入每一个生活层面从而稳定家庭进而稳定社会起到了法律难以替代的作用。如果在肯定《郑氏规范》的实质的同时，再从另一层面——华夏民族源远流长的道德伦理来看，《郑氏规范》对族人的部分要求，体现了这一传统的某些精华，如不慕富贵，俭朴生活，修桥补路，捐赠财务，乐于助人，出仕报国，不得妄取民财，防范玩物丧志等，也是"淳朴道德的反应"。尤令我们钦佩的是，《郑氏家规》竟对廉政有严格规定——"子孙出仕有以赃墨闻者，生则于《谱图》削去其名，死则不许入祠堂"。在历史上，郑家人曾有 169 人出仕为官，最高做到礼部尚书。然而，169 人个个清正廉洁，无一人有污迹。

《郑氏规范》《郑氏家仪》集中体现的就是孝义、和睦、中庸等儒家文化精粹。"郑氏义门"正是以大同思想为灵魂，高举孝义旗帜，遵循正心、修身、齐家、治国、平天下的儒家理论共财同食，义居三个多世纪，书写了世界上独一无二的家庭文明史，即便是一统天下的皇家王朝，也没有一个长达三个半世纪的同居时期。更难能可贵的是，从宋到元朝，从元到明代更替了三个王朝，其中宋元之交，元明之交那两场朝代鼎革的大战争，使多少家庭家破人亡，而以德正心、以礼修身、以法齐家、以义济世的"郑氏义门"，不仅幸免于难，而且不断扩展壮大。

“江南第一家”是儒家伦理文化的一次大规模社会实践，是中国封建宗法社会的一个缩影。它所存留的文物古迹、文史资料都是中国儒学史、伦理发展史、教育史、家族发展史的重要史料，是中国封建社会发展的历史见证。随着改革开放、中外文化交流的扩大，如何将儒家积极的思想观点和伦理道德进行去粗取精，赋予新的社会内容，为加强当代社会主义道德建设和精神文明建设服务，是近年来我国思想理论界、学术界一直在探讨的课题。“郑氏义门”根据儒家伦理哲学提出过一些具有普遍意义的理论观点和“公共生活准则”，如郑氏所崇尚的孝顺父母、兄弟恭让、勤劳俭朴的持家原则；尊师重教的教育思想；“和为贵”“善施与”“己所不欲，勿施于人”的人际关系原则等，它们无疑是中华民族传统美德的重要组成部分。有学者指出：“以德治国，应从以德治家开始，如果每个公民都能切实地做到以德治家，那么，以德治国则水到渠成。”被世人称为“东方奇迹”的“郑氏义门”，870 年来，这个家庭一直因道德风貌出色而著称，代代出清官，朝朝出皆良民，只有佳话连篇而从无丑行记录，因此，挖掘“江南第一家”的文化内涵，弘扬“郑氏义门”的孝义精华，对社会的稳定发展有着重大的现实意义。我们坚信，“郑氏义门”——“江南第一家”必将成为国内外人士向往、研究、游览的胜地。

自我评估

一站到底：我的学术含量有多少

第一关　学术知识大比拼

一、单选题(20 分)

说明：第 1 题至第 10 题，每题有 2 个选项，其中只有一个是正确或最适当的选项。各题答对者，得 2 分；答错、未作答或答案多于一个选项者，该题以零分计算。

1. 学术是指系统专门的学问，是对存在物及其规律的学科化论证。

A. 正确　　　　B. 错误

2. 学术论著是基于研究学术问题而形成的课题报告、研究手册等物化成果。

A. 正确　　B. 错误

3. 中国现代学术的主流是经学，即专门研究儒家经典，并阐明其含义的学问。

A. 正确　　B. 错误

4. 按照学科来分，目前学术论著一般分为自然科学、社会科学、人文学科三种类型。

A. 正确　　B. 错误

5. 司马迁在《史记》中引述了其父司马谈对学术流派的见解，把先秦以来的学派归纳为阴阳家、儒家、墨家、法家、名家、道家六家。

A. 正确　　B. 错误

6. 春秋时期，孔子教授门徒的四种学术科目是德行、政事、文学、言语四科。

A. 正确　　B. 错误

7. 南宋时期，我国学术逐渐出现了文章之学、训诂之学与义理之学的分野。

A. 正确　　B. 错误

8. 学术规范是指学术共同体内形成的进行学术活动的基本规范，或者根据学术发展规律制定的有关学术活动的基本准则。

A. 正确　　B. 错误

9. 学术道德要求，学术共同体成员必须遵循学术规范，完善学术评价，坚持学术良知和学术操守。

A. 正确　　B. 错误

10. 在进行学术活动中，可以把集体研究中自己注意的研究发现或研究成果加以保留，作为个人的成果发表。

A. 正确　　B. 错误

第二关　学术规范大考核

二、单选题(30 分)

说明：第 11 题至第 20 题，每题有 4 个选项，其中只有一个是正确或最适当的选项。各题答对者，得 3 分；答错、未作答或答案多于一个选项者，该题以零分计算。

11. 在论文中(　　)应对文章的准确性负责。

A. 第一作者　　B. 通讯作者　　C. 所有署名　　D. 完成单位

12. 引用参考文献时,文后参考文献表中至少应列出(　　)位作者姓名。

A. 1　　B. 2　　C. 3　　D. 4

13. 参考文献表的表题为(　　)。

A. 参考文献　　B. 主要参考文献　　C. 重要参考文献　　D. 参考文献表

14. 中文引文注释的必要内容中,网络文献应标注(　　)。

A. 网页　　B. 网速　　C. 邮箱　　D. 访问时间

15. 引用未成文的口语实录不包括(　　)。

A. 口头演讲　　B. 课堂教学实录　　C. 采访记录　　D. 街头传说

16. “有意漏引”是指(　　)。

A. 把原作者的研究进行改头换面,再用自己的语言叙述出来,并当作自己的论述而不注明出处。

B. 利用引注或者改写/转述引文,并以之构成自己论著作的主要部分或核心内容。

C. 为了减少工作量而故意不去查阅一部分文献,或者只选择对自己研究有利的研究,或者为了突出自己研究的意义而不提及某些已有研究。

D. 故意在论著中加入大量实际没有参考或引用过的,或者与本文论题根本不相干的文献,做不相关引用、无效引用。

17. 下列对参考文献(专著)的写法,顺序正确的一项是(　　)。

A. [序号]编著者.书名[M].出版地.版本:出版者,出版年:页码.

B. [序号]编著者.书名[M].版本.出版地:出版年,出版者:页码.

C. [序号]编著者.书名[M].版本.出版地:出版者,出版年:页码.

D. [序号]书名.编著者[M].版本.出版地:出版者,出版年:页码.

18. 某一学者的一篇论文在国内 11 个刊物上发表,其行为属于(　　)。

A. 对付期刊在规定时间内不许另投他刊这一霸王条款的无奈之举。

B. 无意为之,可以原谅。

C. 恶意的一稿多投,是严重的学风不正行为。

D. 作品可以让更多读者看到，值得提倡。

19. 人文社会科学研究的基本伦理原则有(　　)。

A. 尊重个人原则　　B. 善行有害原则

C. 非公正原则　　D. 以上说法都不对

20. 署名者必须对成果承担相应的责任，包括(　　)。

A. 学术责任、理论责任、法律责任　　B. 产权责任、道义责任、法律责任

C. 学术责任、道义责任、违约责任　　D. 学术责任、道义责任、法律责任

第三关　学术视野大检阅

三、双选题(40 分)

说明：第 21 至第 30 题，每题有 4 个选项，其中有两个是正确或最适当的选项。各题答对者，得 4 分，其中答对一个选项得 2 分；答错、未作答或答案多于两个选项者，该题以零分计算。

21. 宋朝四大学派，除了濂学、洛学，还有什么学派？

A. 皖派　　B. 关学　　C. 闽学　　D. 吴派

22. 下列佛教名山，位于北纬 30 度附近的有哪些？

A. 普陀山　　B. 九华山　　C. 五台山　　D. 终南山

23. 梁启超的子女中，在学术上颇有建树，在 1948 年双双当选为院士的是哪两兄弟？

A. 梁思礼　　B. 梁思达　　C. 梁思永　　D. 梁思成

24. 王国维在《人间词话》中用诗句来表达不同的学术境界：“‘________________________________。’此第一境也。‘________________________________。’此第二境也。‘众里寻他千百度，蓦然回首，那人却在灯火阑珊处。’此第三境也。”

A. 昨夜西风凋碧树。独上高楼，望尽天涯路。

B. 拔地高楼，连天烟树，一片清秋碧。

C. 莫道不销魂，帘卷西风，人比黄花瘦。

D. 衣带渐宽终不悔，为伊消得人憔悴。

25. 陈乐民的《欧洲文明的进程》有一段话：“西方的‘思想底格’是________，中国的‘思想

底格’，我想可以通俗地用‘________’四个字来概括。”

A. 实证主义　　B. 理性主义　　C. 智信仁勇　　D. 天地良心

26. 著名学者钱锺书先生说：“唐以下大诗人，可用一个地理词语来概括：陵谷山原。”“陵”是________，“谷”是黄山谷，“山”是________，“原”是陈散原。

A. 王季陵　　B. 杜少陵　　C. 崔礼山　　D. 李义山

27. 经济生活中“看得见的手”和“看不见的手”分别出自哪部经济学著作？

A. 亚当·斯密《国富论》　　B. 凯恩斯《就业、利息和货币通论》

C. 马克思《资本论》　　D. 马歇尔《经济学原理》

28.《诗经·卫风·硕人》写道：“巧笑倩兮，美目盼兮。”意思是说，巧笑的两靥多么迷人，传情的双眼令人销魂。有人将这句话用来形容达·芬奇的《蒙娜丽莎的微笑》的神韵，却也浑然天成。这种将两种本来没有关系的事物联系起来的思维，属于学术研究中的什么思维？

A. 联想　　B. 对比　　C. 直觉　　D. 逻辑

29. 在总结中国传统学术时，曾国藩说：“至若葛、陆、范、马，在圣门则以德行而兼政事也；周、程、张、朱，在圣门则德行之科也，皆义理也；韩、柳、欧、曾、李、杜、苏、黄，在圣门则言语之科也，所谓词章者也；许、郑、杜、马、顾、秦、姚、王，在圣门则文学之科也。顾、秦于杜、马为近，姚、王于许、郑为近，皆考据也。”在曾氏看来，孔门德行之科，即为后来的义理之学，宋儒周、程、张、朱之学，即为义理之学；孔门言语之科，即为后来词章之学，唐宋时代的韩、柳、欧、曾、李、杜、苏等大家，属于词章之学；孔门文学之科，即后来的考据之学，汉代以后的许、郑、杜、马、顾、秦、姚、王等大家，属于考据之学。曾国藩的这段话，体现了哪些学术方面的规律？

A. 学术具有传承性　　B. 学术具有创造性

C. 学术具有地域性　　D. 学术具有系统性

第四关　学术素养大较量

四、研究题(10 分)

31. 请阅读《红楼梦》中的经典故事“香菱学诗”。香菱向黛玉学诗，香菱成了学生，黛玉成了老师。请你从故事中归纳出几条写作经验。

且说香菱见过众人之后，吃过晚饭，宝钗等都往贾母处去了，自己便往潇湘馆中来。此时黛玉已好了大半，见香菱也进园来住，自是欢喜。香菱因笑道："我这一进来了，也得了空儿，好歹教给我作诗，就是我的造化了！"黛玉笑道："既要作诗，你就拜我作师。我虽不通，大略也还教得起你。"香菱笑道："果然这样，我就拜你作师。你可不许腻烦的。"黛玉道："什么难事，也值得去学！不过是起承转合，当中承转是两副对子，平声对仄声，虚的对实的，实的对虚的，若是果有了奇句，连平仄虚实不对都使得的。"香菱笑道："怪道我常弄一本旧诗偷空儿看一两首，又有对的极工的，又有不对的，又听见说'一三五不论，二四六分明'。看古人的诗上亦有顺的，亦有二四六上错了的，所以天天疑惑。如今听你一说，原来这些格调规矩竟是末事，只要词句新奇为上。"黛玉道："正是这个道理，词句究竟还是末事，第一立意要紧。若意趣真了，连词句不用修饰，自是好的，这叫做'不以词害意'。"香菱笑道："我只爱陆放翁的诗'重帘不卷留香久，古砚微凹聚墨多'，说的真有趣！"黛玉道："断不可学这样的诗。你们因不知诗，所以见了这浅近的就爱，一入了这个格局，再学不出来的。你只听我说，你若真心要学，我这里有《王摩诘全集》你且把他的五言律读一百首，细心揣摩透熟了，然后再读一二百首老杜的七言律，次再李青莲的七言绝句读一二百首。肚子里先有了这三个人作了底子，然后再把陶渊明、应玚，谢、阮、庾、鲍等人的一看。你又是一个极聪敏伶俐的人，不用一年的工夫，不愁不是诗翁了！"香菱听了，笑道："既这样，好姑娘，你就把这书给我拿出来，我带回去夜里念几首也是好的。"黛玉听说，便命紫娟将王右丞的五言律拿来，递与香菱，又道："你只看有红圈的都是我选的，有一首念一首。不明白的问你姑娘，或者遇见我，我讲与你就是了。"香菱拿了诗，回至蘅芜苑中，诸事不顾，只向灯下一首一首的读起来。宝钗连催他数次睡觉，他也不睡。宝钗见他这般苦心，只得随他去了。

一日，黛玉方梳洗完了，只见香菱笑吟吟的送了书来，又要换杜律。黛玉笑道："共记得多少首？"香菱笑道："凡红圈选的我尽读了。"黛玉道："可领略了些滋味没有？"香菱笑道："领略了些滋味，不知可是不是，说与你听听。"黛玉笑道："正要讲究讨论，方能长进。你且说来我听。"香菱笑道："据我看来，诗的好处，有口里说不出来的意思,想去却是逼真的。有似乎无理的,想去竟是有理有情的。"黛玉笑道:"这话有了些意思,但不知你从何处见得?"香菱笑道:"我看他《塞上》一首,那一联云:'大漠孤烟直,长河落日圆。'想来烟如何直?日自然是圆的:这'直'字似无理,'圆'字似太俗。合上书一想,倒像是见了这景的。若说再找两个字换这两个,竟再找不出两个字来。再还有'日落江湖白,潮来天地青':这'白''青'两个字也似无理。想来,必得这两个字才形容得尽,念在嘴里倒像有几千斤重的一个橄榄。还有'渡头余落日,墟里上孤烟':这'余'字和'上'字,难为他怎么想来!我们那年上京来,那日下晚便湾住船,岸上又没有人,只有几棵树,远远的几家人家作晚饭,那个烟竟是碧青,连云直上。谁知我昨日晚上读了这两句,倒像我又到了那个地方去了。"

……香菱又逼着黛玉换出杜律来,又央黛玉探春二人:"出个题目,让我诌去,诌了来,替我改正。"黛玉道:"昨夜的月最好,我正要诌一首,竟未诌成,你竟作一首来。十四寒的韵,由你爱用那几个字去。"

香菱听了,喜的拿回诗来,又苦思一回作两句诗,又舍不得杜诗,又读两首。如此茶饭无心,坐卧不定。宝钗道:"何苦自寻烦恼。都是颦儿引的你,我和他算帐去。你本来呆头呆脑的,再添上这个,越发弄成个呆子了。"香菱笑道:"好姑娘,别混我。"一面说,一面作了一首,先与宝钗看。宝钗看了笑道:"这个不好,不是这个作法。你别怕臊,只管拿了给他瞧去,看他是怎么说。"香菱听了,便拿了诗找黛玉。黛玉看时,只见写道是:

月挂中天夜色寒,清光皎皎影团团。

诗人助兴常思玩,野客添愁不忍观。

翡翠楼边悬玉镜,珍珠帘外挂冰盘。

良宵何用烧银烛,晴彩辉煌映画栏。

黛玉笑道:"意思却有,只是措词不雅。皆因你看的诗少,被他缚住了。把这首丢开,再作一首,只管放开胆子去作。"

知识附录

生活的全部意义在于无穷地探索尚未知道的东西，在于不断地增加更多的知识。

——左拉

你读到这一部分时，即将与这本书分别，请收藏好我们给你的最后情谊。“参考答案”是对“我思我在”“实践笃行”和“自我评估”中思考题的回答，更多的是提供思考的方向；此外，“其他附录”中收录了与这个学习任务有关的一些资料和推荐书目。

学习之旅有涯，而学习无涯，我们的目光在旅程结束之时变得更加情意绵长，因为我们知道，你的道路才刚刚开始。孩子，祝福你！愿你在语文中获得幸福，在生活中得到力量！

参考答案

专题 1

论最强者的权利

1. 强力是一种物理的力量，强力并不构成权利，同样，权利也不会给强力增添任何新东西。只有合法的权力，才有服从的义务。

2. 归谬法。先假设有这种权利，然后得出荒谬的结论，最后否定假设。这种推理具有精当的特点，问题解决得很干脆。

3. 略。

原　臣

1. 黄宗羲认为，“出而仕于君也，不以天下为事，则君之仆妾也；以天下为事，则君之师友也”，君臣之间不是主仆关系，而是师友关系。

2. 用问答形式，不仅使文章观点鲜明，说理透彻，而且使文章条贯清晰，层次分明。

3. 民为贵，社稷次之，君为轻。

■ 第一专题研讨：略。

专题 2

大　棋　局

1. ① 欧亚大陆拥有世界上最先进和经济最发达的三个地区中的两个；② 谁控制了亚欧大陆自然就控制了非洲，并使美洲和大洋洲成为周边地带；③ 欧亚大陆的人口和资源约占世界的四分之三；④ 除了美英，其他的核国家都在欧亚大陆；⑤ 中、俄、法、印等世界大国都在欧亚大陆；⑥ 有历史学家说“历史从来发生在北方”，也就是说古代的世界历史绝大多数都发生在欧亚大陆。

2. 作为美国的战略家，兹比格纽 · 布热津斯基是站在美国的立场上言说的，是为美国的战略服务的。美国经营欧亚大陆的优势在于：① 欧亚大陆太大，以致无法在政治上称为一个整体；② 美国主导的西方势力已经控制了欧亚大陆的主要战略据点；③ 搞乱欧亚大陆，美国不会引火烧身。劣势在于：① 美国是域外国家，经营欧亚大陆的成本过大；② 美国积极介入中东事务，导致伊斯兰世界反美情绪高潮。

3. 战国时代，“南北向”称为“纵”，“东西向”称为“横”。秦国位于西方，六国位于其东。六国结盟为南北向的联合，故称“合纵”；六国分别与秦国结盟为东西向的联合，故称“连横”。苏秦联合“天下之士合纵相聚于赵而欲攻秦”，他游说六国诸侯，要六国联合起来西向抗秦，即实施“合纵”谋略。张仪对秦惠文王陈说对抗合纵的“连横”谋略，即瓦解六国联盟，“举赵亡韩，臣荆（楚）、魏，亲齐、燕，以成伯（霸）王之名，朝四邻诸侯之道”。兹比格纽·布热津斯基的战略类似于“连横”谋略，因为美国类似于秦国，是最强大的国家，而中国和俄罗斯的战略类似于“合纵”谋略，因为这些国家较之美国，实力略逊，只求自保与发展。

文明的结构

1. 文明的结构类似于微信群。相同文明的成员国就是一个在文化上完全认同一种文明的朋友圈，每个微信群通常有一个或几个地方被其成员视为该文明核心力量的群主。当然，这个微信群的成员也包括认同这种文化，但生活在由另一种文明的成员所支配的群里的人。

2. ① 韩国，因为韩国和中国同属儒家文化圈；② 印度，因为中国有很多佛教徒，而佛教源自印度；③ 土耳其，因为新疆的穆斯林比较接近土耳其；④ 伊朗，因为宁夏的回族同胞对伊朗有好感；⑤ 阿塞拜疆，因为它是信奉伊斯兰教的国家。

3. 相同的是，两人的战略都服务于美国的国家利益；不同的是，布热津斯基主要从地缘政治的角度思考战略，而亨廷顿主要从文明（或文化）的角度思考战略。

■ 第二专题研讨：① 北邻：与俄罗斯建立战略关系，进一步拉近与蒙古的关系；② 东边：稳定朝鲜，拉近韩国，渗透台湾，牵制日本；③ 南邻：经营好“一路”战略，拉拢越南，分化菲律宾，惠顾马来西亚，巩固柬埔寨、老挝、缅甸，利诱泰国、印尼、新加坡；④ 西邻：利用上合组织，巩固中亚五国；⑤ 南亚：利用印巴裂缝，建立印度洋的海港；⑥ 中东：搞好与土耳其、沙特、伊朗、埃及四强的关系，有限度地介入中东事务；⑦ 中东欧：巩固和发展与捷克、塞尔维亚、波兰、罗马尼亚等国的关系；⑧ 西欧：抓住英国脱欧的契机，进一步发展同法、德等国政治经济关系；⑨ 扫除“一带”上的障碍，发展同乌克兰、阿塞拜疆等国的关系；⑩ 经营欧亚大陆，还是要与美国打太极拳。

专题 3

蜜蜂的寓言

1. 经济学、心理学、逻辑学、语言学、伦理学、物理学等。

2. 私人恶德即公共利益。勤俭节约对个人来说是美德，但对社会而言未必是好事；而奢侈浪费对个人来说是劣行，但对国家来讲确实是好事。

3. “看不见的手”隐喻一种原理：于个人行为的非故意的结果，一种能产生善果的社会秩序出现了。

灯塔的光芒

1. 灯塔作为公用品，其投资与收益、服务与收费等经济学问题不断将思考引向深入。

2. 略。

3. 以小见大，从平常的现象或具体的事物见出深刻而抽象的经济学大问题。

■ 第三专题研讨：著名经济学家张五常的观点可资参考：对于灯塔这样的公共产品，私有化也有可能的。灯塔不仅可以私营，而且业主大发其财，其收费由政府授予特权以支持。这种特权，实际上一种发明专利权(专卖权)。任何经过人为投资生产的物品或服务，纵有“公用品”的特征(多提供一点服务或产量，成本为零)，其边际成本不为零。真正的“共用品”，只有那些自然免费赐予、又能多人共享的物品。而这种“共用品”，也只有东坡居士所说的“江上之清风”和“山间之明月”。

专题 4

不发展的“个人”对别人的伤害

1. (1) 语言的结构方式，这里是指句子的组织方式。(2) 中国文化的制度规范。

2. 譬如：① 中国人之间，树立不起“个人”的人，往往有“拉大旗作虎皮”的倾向；

② 这种将自己的“私心”放到了整体利益之上的做法，正好说明了中国人搞“团结”、强调“大一统”的虚伪性；③ 总是必须由别人定义“自己”的中国人，一旦“自制自律”的藩篱尽去，“私心”就会像决堤一般恶性泛滥；④ 中国人的这个“私心”，既然是不受任何控制的，倾向于化公为私的，因此也就往往是不识大体的。⑤ 中国人的互相帮助、互相照顾却总是在“自己人”之间发生的。为了在对自己有约束力的人面前“做人”，他们就往往去损害对自己没有约束力的“外人”。⑥ 中国人因“他制他律”失效而造成的大环境的臭化与脏化，与“他制他律”生效而搞到每一个人都不敢有吸引力，因而造成的灰色人文景色，都是对集体有损，对个人有害的。

3. 由于作者在香港、台湾、大陆和海外都生活过，因此作者是站在相对客观的中国人的视角上说的，换句话说，这些观点都是作者对自身文化“硬心肠的”反省的结果。

“义”的变质

1. 略。

2. 示例：是老不看《三国》，少不看水浒，还是老少均不看《三国》《水浒》？

3. 作者从知音的故事说起，阐明“义”的原形是非功利的；然后把“义”分成“情义”“仁义”两类，接着批判了《水浒》《三国》中“聚义”“忠义”“结义”的功利性，即“义”的变形变质。

■ 第四专题研讨：略。

专题 5

论教育之宗旨

1. 教育之宗旨
   - 体育
   - 心育
     - 智育
     - 德育
     - 美育

   （体育、智育、德育）→ 完全之人物

2. 王国维认为教育的宗旨在于使人为完全之人物，即人的能力发达而且调和；马克思认为教育的宗旨在于培养“完整的人”，即实现“人的自由而全面发展”。两人有异曲同工之妙。

3. 鲁迅认为“立人”是核心,“立人”的根本是“尊个性而扬精神”,而王国维认为身体和精神都要发达,两者不可偏废。

教育的目的

1. 略。

2. 对学科本身的热爱,不是在反复思考中那种让人昏昏欲睡的快感,而是对在学习中展现出来的清晰的风格的热爱。

3. 示例一:认同。因为风格是力量的形成形式,是对力量的约束。有了风格,你的力量得到提升,你可以预见你的行为的效果,你就能更专心于你的目标。示例二:不认同。西方人的道德观与中国人的道德观有本质差异,西方人的道德观更多地表现为人的索取,中国人的道德观更多地表现为对己的约束,往往有超道德价值。

■ 第五专题研讨:略。

专题 6

烟雨苍凉

1. ① “雨世界”本身就教人断肠;② 雨的迷濛表示着生命的某种缺憾,某种怅惘;③ 雨纱、雨幕、雨帘最易于拍合某种心境,某种特定人生境遇中的失落感。

2. “雨中愁”描述“雨”意象的感伤性质,“听雨的心境”还原诗人的听雨感受,“风雨江山外有不得已者在”揭示诗人的生命意识,体现出从现象到本质的逻辑。

3. “雨”常常与芭蕉、梧桐、荷花、梅子、鹧鸪、露、浮云、兰舟发生联系。因为芭蕉表凄凉之意,梧桐象征着凄凉、凄苦、悲伤,荷花象征出淤泥而不染的品格,梅子的成熟比喻少女的怀春,丁香指愁思或情结,鹧鸪极容易勾起旅途艰险的联想和满腔的离愁别绪,露比喻人生的短促、生命的易逝,浮云比喻游子漂泊,兰舟比喻孤独之意。

曲径通幽

1. 由于中国重写意,西方重写实,因此中国人和西方人对曲线的感觉是不同的。在中国人看来，曲线代表一种自然本有的节奏，是非人工的，曲线是柔和温雅的，曲线能给人带来一种"山重水复疑无路，柳暗花明又一村"的审美惊奇；在西方人看来，曲线是优美的，曲线有运动感，曲线与比例、色彩等因素共同构成充满生命力的意象世界。

2. 作者选取音乐、诗词、园林、书法等方面的材料表现"曲径通幽"的美学内涵：委婉、曲折、深邃、幽远。作者以自己的理解统帅材料，并对材料进行了驾驭，如音乐之悠长，诗词之委曲、清幽、萦回、含蓄，园林之深俏、静谧、逶迤、蕴藉、宛转、回荡，书法之婉曲，不是理解跟着材料跑，而是材料纳入自我的理解之中，并为观点服务。

3. ① 引用创作成果，总是出现作家、朝代、标题；② 引用研究成果，总是呈现著作的名称、作者、出版社、出版地、出版年份出版时间、起止页码等信息。

■ 第六专题研讨：妙处有六：第一，本书分成十讲，恰好暗合中国人追求"十全"的文化心理；第二，作者给每一讲冠以唯美的名字，恰与《曲院风荷》作为一本美学著作正相符合；第三，每一讲的名字，恰是中国传统艺术的意象；第四，每一个意象，恰好代表或诠释了中国传统艺术理论中一个问题；第五，目录的设计指向这本书的写作宗旨，即中国传统艺术理论"是论艺的，更是人生的；是理论的，也是艺术的"；第六，本书的目录既深入浅出地阐释了中国传统艺术与生命情境的密切关系，又挥洒自如地演绎了中华民族的人生智慧和从容无碍的艺术境界，可以说是深得古典艺术理论的真谛。

专题 7

造园和造人

1. 建筑就是人，建筑设计，首先是一种建筑师的审美活动；情趣、价值观、理念等精神性的东西比设计技术和规范更重要；建筑不但体现人与建筑关系，建筑本身就是"就是对人的生存空间的一种虚构，这种虚构就是和山石枯木一起虚构的"(王澍语)。换一句话说，建筑，本应是人对这个世界的态度的凝固。

2. 在作者看来，园林作为文人直接参与的生活世界的建造，以某种哲学标准体现着中国人面对世界的态度。园子是一种有生命的活物，造园者、住园者是和园子一起成长演进的，如自然事物般兴衰起伏。从这个意义上讲，园就是人，"造园"就是造就今日中国人的家园景象，就是在寻找返回家园之路，重建文化自信与本土的价值判断，从本质上讲，就是“造人”。

3. 童先生面对一个浮躁喧嚣年代，“毅然不做建筑设计，这使他几乎代表了近代中国建筑史的一个精神高度”，可见童先生的园林肯定是不向流俗低头的；“今天的建筑师不堪胜任园林这一诗意的建造，因为与情趣相比，建造技术要次要的多”，可见是讲究诗意与情趣的；“伐恶草，剪虬枝，因树为屋，顺柏成亭”，可见尊重自然，主张天人合一的；“并非精确测量，不过约略尺寸，盖园林排挡，不拘法式，全重主观。而富有生机弹性，非必衡以绳墨”，可见散淡随意，追求写意山水的情趣。他特地提到袁枚的临终之言：“身后随园？得三十年，今愿已足。”因此童先生的园林可能不做围墙，向民众开放，人在园在，人走园芜，顺之自然。

中国建筑之特征

1. ① 有属于实物结构技术上之取法及发展者；② 有缘于环境思想之趋向者。

2. 体现了由原因到结果、由内容到形式的逻辑顺序：首先介绍主要构材木料，进而说因木料而产生其结构法，再说因此结构而产生其形式上之特征；其次介绍以木材而产生的“梁柱式建筑”之“构架制”；再次介绍以斗栱为结构之关键，在木构架之横梁及立柱间过渡处，施横材方木相互垒叠，前后伸出作“斗栱”；最后介绍外部轮廓和自身风格。

3. ① 建筑活动与民族文化之动向实相牵连，这是一种互为因果的关系，与语言活动相似；② 中国建筑之个性乃即我民族之性格，即我艺术及思想特殊之一部，非但在其结构本身之材质方法而已，语言也反映了我民族之性格。

■ 第七专题研讨：中国传统建筑学的真谛，可以在苏州园林里体现，这就是作者说的“有比造房子更重要的事情”：如何看待人和自然世界的关系，这是态度，而“面对世界的态度比掌握知识的多少更重要”；如何把自己的审美追求和生活情调体现在山水园林中，这就是情趣，而情趣“却能造就真正的文化差别”；造园者、住园者是和园子一起成长演进的，如自然事物般兴衰起伏，这就是价值观，而价值观对于今天的城市与建筑活动，不能不说是一种很重要的东西。

自我评估

选择题(1—30题)

题号	1	2	3	4	5	6	7	8	9	10
答案	A	B	B	A	A	A	B	B	A	B
题号	11	12	13	14	15	16	17	18	19	20
答案	C	C	A	D	D	C	C	C	A	D
题号	21	22	23	24	25	26	27	28	29	
答案	BC	AB	CD	AD	BD	BD	AB	AC	AD	

31. 第一,善积累。注意积累的对象和积累的数量,林黛玉老师首先让香菱去“读”,先读王维的五律,再读杜甫的七律,后读李白的七绝。第二,重感悟。内化于心,引导香菱去“悟”,重揣摩,将诗句与生活联系起来。第三,勤练笔。外化于行,练心、练手、练胆,勤于“写”,多加修改,日臻完美。

知识链接

怎样写读书笔记[①]

徐有富

一、写读书笔记的意义

写读书笔记最大的好处是能贮存著书立说的资料。常言说得好:好记性不如烂笔头。我们做学问必须依靠准确可靠的资料,如果读书不记笔记,单凭一些模糊印象来写论文,当然不可能获得成功。正因为写读书笔记是我们积累资料最可靠、最有效的方法,所以人们干脆说:不动笔墨不读书。梁启超还专门论述过这个问题,他说:

① 选自徐有富《治学方法与论文写作》(南京大学出版社2003年版)。

知识附录

我们读一部名著，看见他征引那么繁博，分析那么细密，动辄伸着舌头说道这个人不知有多大记忆力记得许多东西，这是他的特别天才，我们不能学步了；其实哪里有这回事。好记性的人不见得便有智慧，有智慧的人比较的倒是记性不甚好。你所看见者是他发表出来的成果，不知他这成果原是从铢积寸累，困知勉行得来。大凡一个大学者平日用功总是有无数小册子或单纸片，读书看见一段资料觉有用者，立刻抄下来。短的抄全文，长的摘要，记书名、卷数、页数。资料渐渐积得丰富再用眼光来整理分析，他便成为一篇名著。想看这种痕迹，读赵瓯北的《廿二史札记》、陈兰甫的《东塾读书记》最容易看出来。这种工作笨是笨极了，苦是苦极了，但真正做学问的人总离不开这条路子。①

凡卓有成就的学者都在写读书笔记方面下过苦功。顾颉刚之子谈及其父时说："父亲一生治学，留下了一部分极富特色的文字，这就是他从 1914 年至 1980 年记了六十多年的、积累了约二百册四百万言的读书笔记，它们已成为父亲全部著述的重要部分。父亲生性遇事注意，并勤于动笔，或写下直接的闻见，或记录偶然之会悟，总之不放过每一个思想的火花，使其留于札牍，把笔记簿当成随手可稽的工具，为作文著书打基础。"②

记笔记还可以节省查资料的时间。现在虽然也有目录索引之类的工具书，但是各人有各人的研究课题，这些工具书不可能完全符合自己研究的需要。我们在研究的过程中，将文献调查与社会调查所获得的资料以及资料线索随手记下来，使用起来当然会既方便又实用。

一边读书，一边写读书笔记，对书的印象将会更加深刻，对书的理解将会更加透彻。清龙启瑞说：

愚谓今日诸生，读史必须手边置一札记，随其所得，分类记之。记古人之嘉言懿行，则足以检束其身心；记古人之善政良谋，则足以增长其学识，以至名物象数，片语单辞，无非有益于学问文章之事，当时记录一过，较之随手翻阅，自当久而不忘，且偶尔忆及与蓄疑思问，其检查亦自易易。此为读史要诀，诸生所宜尽心。③

---

① 梁启超《饮冰室专集之七十一》，中华书局 1936 年版，第 24 页。

② 顾洪《关于顾颉刚先生读书笔记的特色》，原载《文史哲》1993 年第 2 期。

③《经籍举要》史类《资治通鉴》提要。

龙氏所说，当然不局限于史学著作，而具有普遍的意义。梁启超也谈到过这个问题：

读书莫要于笔记，朱子谓老吏断狱，一字不放过。学者凡读书，必每句深求其故，以自出议论为主，久之触发自多，见地自进，始能贯串群书，自成条理。经学、子学尤要，无笔记则必不经心，不经心则虽读犹不读而已。①

他还谈道：

若问读书方法，我想向诸君上一个条陈，这方法是极陈旧的，极笨极麻烦的，然而实在是极必要的。什么方法呢？是抄录或笔记。……当读一书时，忽然感觉这一段资料可注意，把它抄下来。这段资料，自然有一微微的印象印入脑中，和滑眼看过不同。经过这一番后，过些时碰着第二个资料和这个有关系的，又把它抄下来，那注意加浓一度，经过几次之后，每翻一书，遇有这项资料，便活跳在纸上，不必劳神费力去找了。这是我多年得来的实况。②

记笔记还有一个好处就是能够迫使你在读书时思考。谁都不愿多写一个字，什么该摘录，什么不该摘录，都是四考的结果。严家炎说得好：

读书要有效果，一定要做笔记。笔记的作用，不仅是消极的，不仅是为了记下读书的当时产生的那些闪光的思想和精彩的语言，使之不要被遗忘；它还有更积极的意义，即可以促使我们在整理自己原始想法的过程中把思想系统化和深刻化，促使我们摆脱那种“学而不思”的状态，不做思想懒汉。我自己有这样的体会：一些本来尚处于朦胧状态的思想，经过做笔记过程中的加工整理，不仅明确了，而且丰富了、升华了，于是变得一发而不可收，记下一大篇东西来，犹如从蚕茧上理出一个丝头，能得到一大堆蚕丝一般。这就是记笔记的好处。我们应该养成这个习惯，不要偷懒，不要把它看做可有可无的事情。③

写读书笔记的实际效果也是非常明显的，有许多著名的学术著作都是读书笔记汇辑而成的，如洪迈的《容斋随笔》、顾炎武的《日知录》、钱大昕的《十驾斋养新录》、钱锺书的《管锥编》。顾炎武《日知录・自序》说：“愚自少读书，有所得辄记之；其有不合，时复改

① 梁启超《饮冰室专集之六十九》，中华书局 1936 年版，第 4 页。
② 梁启超《饮冰室专集之六十九》，中华书局 1936 年版，第 25 页。
③ 高增德、丁东编《世纪学人自述》，北京十月文艺出版社 2000 年版，第 473 页。

定；或古人先我而有者，则遂削之。”钱大昕撰《十驾斋养新录》明显受到了《日知录》的影响，其曾孙钱庆曾称：“公弱冠时即有述作意，读书有得，辄为札记，仿顾氏《日知录》条例。后著各书，即于其中摀注，又去其涉于词华者，尚裒然成集，是年重加编定，题曰《十驾斋养新录》。”[①]还有依靠写读书笔记从事文学创作获得成功的，蔡尚思曾举一例：

> 资产阶级方面，在世界上也出了一个最博学、最多写笔记最多产的小说家，他就是法国科学幻想小说家凡尔纳。他生于一百五十多年前，写出此类小说近一百种。他每研究一个科学问题，都要看大量的资料，以便写得有根有据，有声有色。他亲自摘录的笔记，就有两万五千多本。他为了写一本《月球探险记》，就研究过五百多册图书和资料。[②]

二、写读书笔记的方法

胡适在《读书》一文中讨论过写读书笔记的方法问题，指出：

> 札记又可分为四类：
>
> (a) 抄录备忘。
>
> (b) 作提要，节要。
>
> (c) 自己记录心得。
>
> (d) 参考诸书，融会贯通，作有系统的著作。[③]

显然，第四类已超出了写读书笔记的范围，或者说是写读书笔记的最高阶段，兹不具论，仅对前三类略作介绍。

抄　书

这是最基本、最可靠、最有效、最容易操作的一种方法。郑板桥曾对儿子说：

> 凡经史子集，皆宜涉猎，但须看全一种，再易他种，切不可东抓西拉，任意翻阅，徒耗光阴，毫无一得。阅书时见有切于实用之句，宜随手摘录，若能分门别类，积成巨册，则作文时可作材料，利益无穷也。[④]

---

① 陈文和《嘉定钱大昕全集》(第1册)，江苏古籍出版社1997年版，第43页。

② 蔡尚思《中国文化史要论(人物·图书)》，湖南人民出版社1979年版，第108页。

③ 胡适《胡适文集》(第4册)，北京大学出版社1998年版，第126页。

④ 郑燮《郑板桥全集》，齐鲁书社1985年版，第500—501页。

王筠在指导学生读书时也是这么要求的，尝云：

每读一书，遇意所喜好，即札录之。录讫，乃朗诵十遍，粘之壁间。每日必十余段，少亦六、七段。掩卷闲步，即就壁间观所粘录，日三、五次以为常……一年之中，约三千段。①

如果自己时间紧，当然也可请人代抄，当年蔡尚思在南京国学图书馆读书就是这么做的。

不少古书都是抄录纂辑而成的。汪辟疆归纳道："窃以抄书亦有六等：一曰全抄。基本书全抄全读，如巾箱《五经》是也。二曰节抄。读书时随所嗜而节抄之，如《群书治要》《意林》是也。三曰撰抄，每阅读一书将其书中精要，撰次而抄之，如《九经要义》《文选理学权舆》《说文段注撰要》是也。四曰比抄。两书皆有相当地位，比合抄之，如《班马异同》《新旧唐书合抄》是也。五曰摘抄，随所阅览，摘其字句而抄之，如《两汉博闻》《两汉蒙拾》是也。六曰类抄。与摘抄略同，但分类隶属，以便挦撦，如《文选类林》《楚骚绮语》是也。抄书至此，似为最下，然取便记忆，本无不可。"②

梁启超说："善抄书者可以成创作。荀悦《汉纪》而后，又见之于宋袁枢之《通鉴纪事本末》。"③《四库全书总目》卷四十七《汉纪》提要称："献帝好典籍，以班固《汉书》文繁难省，乃令悦依左氏传体为《汉纪》三十篇，词约事详，论辨多美。"《四库全书总目》卷四十八《通鉴纪事本末》提要复云："唐刘知几作《史通》，叙述史例，首列六家，总归二体。自汉以来，不过纪传、编年两法，乘除互用，然纪传之法，或一事而复见数篇，宾主莫辨。编年之法，或一事而隔越数卷，首尾难稽。枢乃自出新意，因司马光《资治通鉴》区别门目，以类排纂，每事各详起讫，自为标题。每篇各编年月，自为首尾。始于三家之分晋，终于周世宗之征淮南。包括数千年事迹，经纬明晰，节目详具。前后始末，一览了然，遂使纪传、编年贯通为一，实前古之所未有也。"

不少学者都将抄录资料作为写作的基础工作，如顾炎武于《天下郡国利病书》自序称其："历览二十一史，以及天下郡县志书，一代名公文集及章卷文册之类，有得即录，共成

① 《教童子法》，《丛书集成初编》本。

② 汪辟疆《汪辟疆文集》，上海古籍出版社 1988 年版，第 71—72 页。

③ 梁启超《饮冰室专集之七十三》，中华书局 1936 年版，第 20 页。

四十余帙。"梁启超评论道：

> 他从小受祖父之教，说"著书不如抄书"(《文集》卷二《抄书自序》)，他毕生学问都从抄书入手。换一方面看，也可以说他"以抄书为著书"，如《天下郡国利病书》《肇域志》，全属抄撮未经泐定者，无论矣。若《日知录》，实他生平最得意之作，我们试留心细读，则发表他自己见解者，其实不过十之二三，抄录别人的话最少居十之七八。故可以说，他主要的工作在抄而不在著。①

近人著述，如钱穆之《国学概论》也复如此，"正文仅为纲要"②，主要内容是所称引的大量材料，这些材料当然都是抄录而来。

写提要

这种方法有利于从宏观上对所读书进行把握，能起到提纲挈领的作用，根据提要、节要所提供的线索去寻求原文当然也比较方便。现存最早的读书提要当推《书》序、《诗》序。因为单是从篇名还不容易看出各篇诗、书的内容，所以阅读和传播《诗》、《书》的人，根据自己的理解，给它们加上了内容提要。如《诗经·鄘风·载驰》的小序云："《载驰》，许穆夫人作也。闵其宗国颠覆，自伤不能救也。卫懿公为狄人所灭，国人分散，露于漕邑。许穆夫人闵卫之亡，伤许之小，力不能救，思归唁其兄，又义不得，故赋是诗也。"再如《尚书·虞书·舜典第二》的小序云："虞舜侧微，尧闻之聪明，将使嗣位，历试诸难，作《舜典》。"汉成帝时，刘向父子整理图书，整理完了，往往写一篇提要，介绍书的作者、整理情况、书的内容，并且作出分析和评价。清代的《四库全书总目》提要仍然是这么做的。近人张舜徽读清人文集，每读一部就写一篇提要，一共写了一千多篇，后来选了八百篇编成《清人文集别录》出版了。他写提要的方法是尽量辑录原文，并标明出处，挺实用。现代出版的书发表的学术论文多有内容提要，对我们了解这些论著的内容和特点当然是有帮助的。

写心得体会

这种方法难度又要大一点，因为读书真有体会，还将体会写下来并不是一件容易的

---

① 梁启超《饮冰室专集之七十五》，中华书局 1936 年版，第 60 页。

② 钱穆《国学概论》，商务印书馆 1997 年版，第 1 页。

事。宋代吕祖谦《吕氏读书记》中的部分内容大致属于这种情况，陈振孙《直斋书录解题》称该书为“吕祖谦撰，乾道癸巳、淳熙乙未家居日阅之书，随意手笔，或数字，或全篇，盖偶有所感发，或以备遗忘者”。上面提到的顾炎武《日知录》、钱大昕《十驾斋养新录》，大抵也是这类读书笔记。今录洪迈《容斋随笔》两则为例。其一，《字省文》：

今人作字省文，以禮为礼，以處为处，以與为与，凡章奏及程文书册之类不敢用，然其实皆《说文》本字也。许叔重释礼字云：“古文。”处字云：“止也，得几而止，或作處。”与字云：“赐予也，与與同。”然则当以省文者为正。

其二，《喷嚏》：

今人喷嚏不止者，必噗唾祝云：“有人说我”，妇人尤甚。予按《终风》诗：“寤言不寐，愿言则嚏，云人道我。”

这种心得体会偏重于资料考证，还有一种心得体会着重于对思想内容的探索，实际上就是学术短文，如朱自清的《读书笔记》——《〈元曲三百首〉与〈荡气回肠集〉》。作者首先介绍了将《元曲三百首》与《荡气回肠集》联系在一起是因为“前一书任中敏先生主编，民智书局出版，后一书任夫人王悠然女士编，大江书铺出版，都是散曲选本”。接着分析了《元曲三百首》内容上的特点和缺点，并结合诗歌中“归隐山林”这一主题，谈了自己的看法：“诗人的‘归田’，大概是说说罢了，心里总还想着做官的。所谓‘身在江湖，心存魏阙’，正可描写这种人，这种诗。这也可以说是儒家思想作底子，道家思想做幌子。散曲家身份本不甚高，无甚远志；他们只图个自己快活，说想归隐，倒是真的。”可谓一针见血，辨析入微。作者还论述了体裁与主题的关系问题，并指出：“散曲这东西似乎只够写写儿女之情，用来言志，总觉得有些俳谐气而不切挚。宋词除苏、辛一派外，似乎也是如此。……词这个体裁似乎根本上并不宜于言志。”作者最后道出了《荡气回肠集》“专取私情之作，以尖新为主”的特点，但是又指出：“在礼教高压的时代，读了痛快淋漓的，现在时移世易，却也觉得有点辽远了。”从而说明了读者对作品的接受程度，随着时代的推移而有所变化的道理。这则笔记虽然不长，但闪光的地方却很多。

做索引

如果我们自己有书，或者该书常见，容易找到，不需要摘录的话，还可以做题录和索引。题录可以只记录论著的题名与出处。索引可以写关键词，或主题词，或用最少的词句撮其要点，然后再注明出处。其优点是节省时间，中心突出，便于查找；其缺点是不如抄录原文那么直截了当，内容完整。

三、读书笔记的载体

写在书上

最省事的方法是干脆买一本书，就在书上做记号、加批语、移录有关材料。这种方法的好处是，读书笔记附书以行，不易丢失；读书笔记可以和原文比照，容易收到直观的效果。所以，从事学术研究最好买一些与自己的研究有关的书。胡适说："有个买书的习惯也是必要的，闲时可多往书摊上逛逛，无论什么书都要去摸一摸，你的兴趣就是凭你伸手乱摸后才知道的。图书馆里虽有许多的书供你参考，然而这是不够的。因为你想往上圈画一下都不能，更不能随便的批写。所以至少像对于自己所学的有关的几本必备书籍，无论如何，就是少买一双皮鞋，这些书是非买不可的。"①

将读书笔记记在书上的方法起源甚早，汉代的郑玄似已用之。《四库全书总目》卷十五《毛诗正义四十卷》提要称："郑氏《六艺论》云：'注《诗》宗毛为主。毛义若隐略，则更表明；如有不同，即下己意，使可识别（案此论今佚，此据《正义》所引）。'然则，康成特因《毛传》而表识其傍，如今人之签记，积而成帙，故谓之《笺》，无庸别曲说也。"王季思介绍过古人常用这种方法，指出：

> 最简单是在书上作记号，最先他们所用的记号是划、是抹。《朱子语录》："某二十年前得《上蔡语录》观之，初用朱笔划出合处；及再观则不同，乃用粉笔；三观则又用墨笔。数过之后，全与原看时不同。"又朱子论读书法说：先以某色笔抹出，再以某色笔抹出。所谓抹，所谓划，都是在文章的紧要处或精彩处，划一条线。宋吕祖谦的《古文关键》，楼昉的《迂斋评注古文》，也都是用这个方法指示读者的。现在学生看书，遇到应该注意的地方，大都用铅笔、自来水笔或颜色笔划出来，不知这正是八百年前人的读书方法。稍后一点，是用圈点。谢枋得的《文章轨范》，方回的《瀛奎律髓》、罗椅的《放翁诗选》，边都是附有圈点的刻本。（这圆点不是标点的符号，而是鉴

① 胡适《胡适文集》（第12册），北京大学出版社1998年版，第486页。

赏的符号)这种方法从元、明以来,日见流行,直到现在才渐渐的少用了。①

王季思还谈到人们常在书的天头地脚写上自己的批评意见,称为"眉批"。不少线装书的天头地脚,都留得特别宽大,以备人们写批语。中国古代的文艺理论称为文学批评,也由此而来。金圣叹批本《西厢记》、脂砚斋批本《石头记》,就是这方面的突出例子。前辈学者都喜欢采用眉批的方法。殷孟伦在《谈黄侃先生的治学态度和方法》一文中说:

他读书一定要动笔或加批语。现在看到他存下的批点过的书有百余种,集录下来一定对后学启发不少。他批过《文选》,他的学生曾传抄过。所批郝懿行的《尔雅义疏》,几乎等于替郝氏改文。《说文》也批得密密麻麻。《广韵》也是如此。这三部分整理出来就是很可传世的名著。他又批过《资治通鉴》,顾颉刚在主持二十四史断句时,曾通过齐燕铭同志在陆宗达处借去一部分采入标点本。②

有的学术著作就是利用批在书上的读书笔记写成的,如王鸣盛《十七史商榷序》谈到了他的杰作《十七史商榷》的写作过程:"凡所考者,皆在简眉牍尾,字如黑蚁,久之皆满,无可复容,乃誊于别帙,而写成净本,都为一编。"沈祖棻的《唐人七绝诗浅释》《宋词赏析》是很受读者欢迎的两本书,程千帆在整理时,用了沈氏读书时的批语。程千帆在《唐人七绝诗浅释·后记》中说,有四分之一取自沈氏平日批在各种诗集上的评语。"旧释二十三首,也是她在各书上所加的评语。这些评语,除了已经改写为《浅释》的各篇之外,还有一些较为精审的。零璧碎金,弃之可惜,就又选抄了一部分,附录于后。"③程千帆在《宋词赏析·后记》中复云:"姜、张两家词札记是从她手批的四印斋本《双白词》中辑录出来的。她的批语有的很简略,有的则比较详细。现在只能把较详的录出,因为这一部分对于读者的帮助可能大些。"④

还有移录可同本书比较参证的材料的。如果书上的空隙处写满了,可再买一本,或另用纸写了贴在相关部分。清代著名学者王念孙就是这么做的,柴德赓说:

陈先生(陈垣)搜集了很多清代学者的手稿,其中有王念孙的《广雅疏证》手稿。

① 王季思《语录与笔记》,《玉轮轩古典文学论集》,中华书局1982年版,第322页。
② 程千帆、唐文《量守庐学记》,三联书店1985年版,第43—44页。
③ 沈祖棻《唐人七绝诗浅释》,上海古籍出版社1981年版,第300页。
④ 沈祖棻《宋词赏析》,上海古籍出版社1981年版,第245—246页。

从这份手稿可以看出王念孙是如何搞学问的：他著《广雅疏证》第一次用的材料往往是对的，但是后来又发现了更新的材料，他并不是把第一次的划掉，而是将后来发现的新材料写在小纸条上贴在上面，再发现再贴，而用到书上去的，就是那最新、最可靠的材料。有些后人不懂王念孙做学问的这种方法，往往找到一条材料，一看现在的《广雅疏证》上没有，就批评他不全面，要给他补，实际上王念孙早已有了，而没有用上。①

很多学者都用方法积累资料，并且收到了很好的效果。许多专著也都是依据眉批写成的，如邵懿辰《四库全书简明目录标注》、范希曾《书目答问补正》、程千帆《史通笺记》等。范希曾《书目答问补正》之史部补证《跋》介绍道："某案头初置此书一部，辄就知见，随手以硃笔补注眉上，积久上下眉无隙地，更置一部注之，如是者两三部，窃自比于桥西札记所载邵位西标注简明目故事。乙卯闲居，遂取数部审择迻录，合为一帙，成《补正》五卷。"②当然，写学术论文也可以用这种方法。如季羡林介绍道：

陈寅恪先生把有关资料用眉批的办法，今天写上一点，明天写上一点，积之既久，资料多到能够写成一篇了，就从眉批移到纸上，就是一篇完整的文章。比如他对《高僧传·鸠摩罗什传》的眉批，竟比原文还要多几倍，是一个典型的例子。③

写在卡片上

这种方法的优点是调动自如，有利于分析排比。宋人已普遍使用卡片，王季思说："以前司马光作《资治通鉴》，其采用之书，正史之外，杂史至三百二十二种，书成以后，存在洛阳的残稿还满两屋子。后来李焘作《续通鉴长编》，他的方法更精密了。据《癸辛杂识》说：'李焘为《续通鉴长编》，以木橱十枚，每橱抽替匣二十枚，每替以甲乙记之，凡本年之事，有所闻，必归此匣，分日月先后次第之，井然有条。'这种方法是合乎科学的。"④

《金史·元好问传》称元好问"构亭于家，著述野史，凡金源君臣，遗言往行，采缀所闻。有所得，辄以寸纸细字，为纪录至百余万言"。⑤ 既然用寸纸细字来写，当然也是用

① 启功等《励耘书屋问学记》，三联书店 1982 年版，第 37 页。

② 范希曾《书目答问补正》，上海古籍出版社 1983 年版，第 361 页。

③ 季羡林《季羡林自传》，《文献》1989 年第 2 期。

④ 王季思《语录与笔记》，《玉轮轩古典文学论集》，中华书局 1982 年版，第 322 页。

⑤ 脱脱等《金史》，中华书局 1975 年版，第 274 页。

卡片的形式写读书笔记了。祁承㸁称宋人“陈莹中好读书，至老不倦，每观百家文及医卜等书，开卷有得，则片纸记录，黏于壁间，环坐既遍，即合为一编，几数十册”。① 从“片纸记录，黏于壁间”几个字看，陈莹中也是用卡片来记读书笔记的。

今人当然也爱用卡片。如王利器说：“读书要全靠记忆，哪里记得住许多。除了我在家塾里读的那些死书，至今尚能背诵而外，我全是利用卡片来帮助记忆力之所不及，来处理所搜辑的第一手资料。十几二十年来，我积累了数以万计的卡片。十年内乱中，我蒙受的损失最大的要数这批卡片。”②郁贤皓也自我介绍道：

> 我决定把李白研究作为自己的研究课题，从考证李白生平事迹及其交游入手，以期逐步解决李白研究中长期存在的疑点与难点。当时在阅读李白作品时做了不少札记，同时将诗文中提到的交游全部制成卡片，然后查稽各种典籍和石刻资料，发现有关材料即写入卡片，通过对资料的排比研究，如有心得或有所发现就写文章，这是我的基本研究方法。③

他研究李白的成果汇集成《李白丛考》一书，后来他撰写《唐刺史考》也是用的这种方法。他说：“从 1973 年起就有意识地搜集刺史（太守、尹）的材料，制成卡片，几年以后积累的卡片竟数以万计。”④终于完成了这部二百二十万字的著作。

目前图书馆用的卡片，多为 7.5 厘米×12.5 厘米，我们用来摘录资料的卡片可以大小不拘。刘乃和介绍陈垣搜集资料的方法时说：“他抄资料都是用大张的稿纸，有时也随手用‘另纸’，即零散纸头上，也就是我们所用的卡片。写在稿纸上的材料，无论字数多少，都是一个问题另起一页，一纸不抄两段材料，将来用起来方便。”⑤季羡林钞资料的纸头似乎更随便一些。他介绍道：

> 我自己既很少写卡片，也从来不用眉批，而是用比较大张的纸，把材料写上。有时候随便看书，忽然发现有用的材料，往往顺手拿一些手边能拿到的东西，比如通知、请柬、信封、小纸片之类，把材料写上，再分类保存。我看到别人也有这个情况，

① 祁承㸁《澹生堂藏书约》，古典文学出版社 1957 年版，第 9 页。
② 高增德、丁东《世纪学人自述》，北京十月文艺出版社 2000 年版，第 210 页。
③ 张世林《〈学林春秋〉三编》，朝华出版社 1999 年版，第 168 页。
④ 张世林《〈学林春秋〉三编》，朝华出版社 1999 年版，第 171 页。
⑤ 陈智超《励耘书屋问学记》，生活·读书·新知三联书店 1982 年版，第 141 页。

向达先生有时就把材料写在香烟盒上。用比较大张的纸有一个好处，能把有关的材料都写在上面，约略等于陈（寅恪）先生的眉批。卡片面积太小，这样做是办不到的。材料抄好以后，要十分认真细心地加以保存，最好分门别类装入纸夹或纸袋。否则，如果一时粗心大意丢上张把小纸片，上面记的可能是最关重要的材料，这样会影响你整篇文章的质量，不得不黾勉从事。①

吕叔湘的卡片则是长条纸，后人回忆道："吕先生当年做的例句卡片，是用毛笔写在裁成长条的粗纸上，然后分门别类粘贴在废书页上。字作率更体，方正挺峻，字如其人。"②裘锡圭用的卡片是自己用废纸做的，他说："正规的卡片很贵，我极少购买。我的卡片有些是用大张白纸裁成的，有些是用反面无字的废纸裁成的，还有一些是用印刷厂用纸时剩下来的边角料裁成的。正规的卡片盒我更买不起，只能用较浅小的放罐头等物的集装纸箱代替。直到今天，我还在用废纸裁成的卡片。"③

剪贴图书或复印资料，也可算作变相的使用卡片。伦明《辛亥以来藏书纪事诗·陈澧》谈道："先生治学之法：凡阅一书，取其精要语，命钞胥写于别纸；通行之书，则直剪出之。始分某经，继分某章、某句、某字，连缀为一，然后别其得失，下以己见。如司法官之搜集证据，乃据以定案也。余因阅《学思录》与《读书记》，而悟其法如此。"④周本淳也谈到过一个故事："张晓峰先生攻人文地理，当时买书极易，凡遇到有用材料则剪下，床下有两巨箱皆所分类剪下之书，此法在当时不失为科学省时之作。王先生（王瀣，字伯沆）曾与之戏言：《老子》曰：为学日益，为道日损，君则'为书日损'。张先生一笑而已。"⑤

写在本子上

这种方法的好处是便于保存，如果每个笔记本只记录某类材料，则检索起来也不困难。宋人叶廷珪就是采用这种方法来收集资料的。其《海录碎事》原序云："始予为儿童时，知嗜书。家本田舍，贫，无书可读。……每闻士大夫家有异书无不借，借无不读，读无不终篇而后止，尝恨无资，不能尽得写，间作数十大册，择其可用者手抄之，名曰《海录》；

① 《季羡林自传》，《文献》1989年第2期。

② 刘坚《吕叔湘先生学术述略》，原载《文史知识》1997年第11期。

③ 张世林《学林春秋》（三编），朝华出版社1999年版，第458页。

④ 伦明《辛亥以来藏书纪事诗》，上海古籍出版社1999年版，第10页。

⑤ 周本淳《如是我闻》，《文教资料》1994年第1期。

其文多成片段者，为《海录杂事》；其细碎如竹头木屑者，为《海录碎事》……”①《海录碎事》流传下来了，还保存了不少资料。

宋末王应麟撰《玉海》，是一位很博学的人，他主要也是靠本子来积累资料的，元人孔齐《至正直记》称其“每以小册纳袖中入秘府，凡见书籍异闻则笔录之，复藏袖中而出”。《四库全书总目》卷一百三十五于该书提要中对《玉海》的文献价值作了充分的肯定，称其“所引自经史子集，百家传记，无不赅具。而宋一代之掌故，率本诸实录、国史、日历，尤多后来史志所未详。其贯串奥博，唐宋诸大类书未有能过之者”。近现代一些著名学者如杨树达、柳诒徵、汪辟疆等采取记日记的形式积累材料，也可算作将笔记写在本子上。如柳诒徵之孙柳曾符曾谈道：“先祖遗稿有《劬堂日记抄》数十百册，皆平时读书时编摘材料，间加按语，以备著述之用。”②汪辟疆介绍道：“余年十四，随侍梁园。时五经甫毕，先府君日督课读《资治通鉴》《三国志》《文献通考》《文选》诸书。日有定程，夜则疏记一日看读所得于日记册。日必三四百字，文事日进，即始于此。”③

输入计算机

这种方法的优点是储存量大，检索方便，正越来越受到人们的喜欢。

推荐书目

1. [以色列] 尤瓦尔·赫拉利《人类简史》，林俊宏译，中信出版社 2014 年版。

推荐语：本书填补了传统人类史的三大鸿沟：历史观与哲学观之间的鸿沟，人类和生态系统之间的鸿沟，集体和个人之间的鸿沟。它涵盖了哲学、生物学、人类学、心理学、艺术、文学、伦理学等众多领域，可谓博大精深。

2. 梁漱溟《东西文化及其哲学》，商务印书馆 1999 年版。

推荐语：该书被视为现代新儒学的开山之作，将中、西、印文化概括为三种不同的人

① 《四库全书》本《海录碎事》卷首。
② 柳曾符、柳佳《劬堂学记》，上海书店出版社 2002 年版，第 21 页。
③ 汪辟疆《汪辟疆文集》，上海古籍出版社 1988 年版，第 501 页。

生路向：西方文化是征服自然、改造环境的路向，中国文化是以意欲自为调和、持中为其根本精神的路向，印度文化是以意欲反身向后要求为其根本精神的路向。

3. 蔡德贵《中国哲学流行曲》，山东人民出版社 2000 年版。

推荐语：自古及今的哲学著作，从《道德经》《论语》《管子》《孟子》到当代的各类中国哲学史著作，大多都深奥难懂而且过于严肃。本书是用散文叙述体写出的中国哲学史读物，将本来抽象的哲理变成有欣赏价值的文化故事。

4. 冯友兰《中国哲学简史》，赵复三译，中华书局 2015 年版。

推荐语：本书是以一本篇幅有限的哲学专著，打通古今中外的相关知识。特别是作者对现实问题的关怀，颇具“读书不忘救国，救国不忘读书”的大家风范。本书是冯友兰先生哲学与思想融铸的结晶，对于今日中国的读者不失为一本教益丰厚的文化经典。

5. [古罗马] 马可·奥勒留《沉思录》，何怀宏译，三联书店 2008 年版。

推荐语：本书是公元 2 世纪后期古罗马皇帝马可·奥勒留传下来的一部个人哲学思考录，主要思考人生伦理问题，兼及自然哲学，是奥勒留所作的一本思想散文集。这本书的大部分内容是他在鞍马劳顿中所写，是斯多葛派哲学的一个里程碑。

6. [美] 埃里克·杰·多林《美国和中国最初的相遇：航海时代奇异的中美关系史》，社会科学文献出版社 2014 年版。

推荐语：本书叙述了早期中美关系史的细节，对 19 世纪早期的历史事件和场景叙述生动、有趣，同时对列强对中国的侵略认识客观、合理，而且从西方视角对晚清另有一种别开生面的描画，全书提供的历史事实和评论既有利于中美关系的再检讨，也对晚清史的新解读有一定参考。

7. 朱云汉《高思在云》，中国人民大学出版社 2015 年版。

推荐语：作者在梳理过去三百年世界史的演进脉络，深入观察西方国家政治经济体制的构成与运作机制，批判性透视全球政治经济旧秩序的真实本质与宰制机制的基础上，深入浅出地探讨了中国兴起对人类社会发展的历史意涵这个大问题。

8. [美] 约翰·罗尔斯《正义论》，何怀宏、何保钢、廖申白译，中国社会科学出版社 1988 年版。

推荐语：《正义论》以其独特性和思辨性令人耳目一新，被视为第二次世界大战后西方政治哲学、法学和道德哲学中最重要的著作之一，已被列入历史经典名著之林。

9. 孙中山《建国方略》，三联书店 2014 年版。

推荐语：全书主要由《孙文学说》《实业计划》《民权初步》三部分组成：《孙文学说》从心理建设角度论述“知难行易”的哲学思想；《实业计划》是一份全面快速进行经济建设的宏伟纲领，提出了发展中国经济的远景规划；《民权初步》是一部关于社会建设的论著，反映了孙中山的民主政治思想。

10. 王东岳《人类的没落》，陕西人民出版社 2010 年版。

推荐语：读这本书时不禁出现这样的场景：人类社会就像一辆正在疾速奔赴悬崖的马车，驾车人毫无方向感，乘车人忙于相互倾轧，其实，他们谁也不知道这驾马车终将驶向何方。这本书为人类社会的系统性危机、灾难性前景极其加速度趋势敲响警钟。

11. [英] 维克托·迈尔-舍恩伯格，肯尼思·库克耶《大数据时代》，盛杨燕、周涛译，浙江人民出版社 2013 年版。

推荐语：大数据让我们更加深入走进信息社会，它不仅改变了我们的生活方式，还在改变着我们的思维方式，而且深刻影响着我们社会的转型和制度的创新。

12. [英] 保罗·奥默罗德《蝴蝶效应经济学》，李华夏译，中信出版社 2006 年版。

推荐语：经济体就像一个社会有机体，实际上是一套生活在混沌世界中的复杂系统。传统经济学对消费者、产品市场、政策效果和商业周期的预测总是出现错误，为此我们需要接受一种截然不同的思考角度和一套不那么沉闷的理论方法——这就是“蝴蝶效应经济学”。

13. 塞妮亚《塔木德》，上海三联书店 2015 年版。

推荐语：《塔木德》是流传三千三百多年的羊皮卷。犹太人人手一册，从生到死一直研读，常读常新。与其说犹太人用生命保护了他们的法典，使它能够不断地延续下去，倒不如说《塔木德》给犹太人指明了方向。

14. [美] 爱德华·格莱泽《城市的胜利》，刘润泉译，上海社会科学院出版社 2012 年版。

推荐语：这是一本由芝加哥大学博士、哈佛大学经济学教授爱德华·格莱泽所写的书，入选 2011 年《经济学人》杂志非虚构类最佳图书以及《金融时报》最佳商业图书提名，长踞亚马逊畅销书排行榜“城市规划与发展类图书”第一！

15. [荷兰] 伯纳德·曼德维尔《蜜蜂的寓言》，肖聿译，商务印书馆 2016 年版。

推荐语：莎士比亚若是写一本谈论人类行为动机的书，对这个题目，那本书也……极可能未必会包含将在《蜜蜂的寓言》里看到的如此有力的论证的一半。

16. 黄仁宇《万历十五年》，三联书店 1997 年版。

推荐语：1587 年，在西欧历史上为西班牙舰队全部出动征英的前一年。而 1587 年的明朝也发生了若干为历史学家所易于忽视的事件。这些事件，表面看来虽似末端小节，但实质上却是以前发生大事的症结，也是将在以后掀起波澜的机缘。

17. [美] 露丝·本尼迪克特《菊与刀》，吕万和、熊达云、王智新译，商务印书馆 1990 年版。

推荐语：该书重点研究日本大和民族，对家庭关系、精神信仰进行白描式的对比，诸如美国人和日本人看待健康、物质、战争宣传、家族关系等的不同观念，是亲切易懂的日本国民性格说明书。

18. 刘再复、林岗《传统与中国人》，三联书店 1988 年版。

推荐语：本书在深邃而又犀利的批判理性精神的指引下，沿着“五四运动”新思潮的体系深入，系统而全面地梳理传统与中国人的国民性问题，重新审视古典传统中的礼治秩序、主奴根性、道德意识、天朝心态等，意在从中探讨中国从传统社会向现代社会转型最核心的问题：文化的深层的价值观念的转变。

19. 梁漱溟《中国文化要义》，上海人民出版社 2011 年版。

推荐语：本书被誉为中国文化研究和西方文化比较的经典作品。中国文化以孔子为代表，以儒家学说为根本，以伦理为本位，它是人类文化的理想归宿，认定“世界未来的文化就是中国文化复兴”。

20. 杨明齐《评中西文化观》，黄山书社 2008 年版。

推荐语：作者自觉以马克思主义理论来分析中国社会，先后评梁漱溟的《东西文化及其哲学》、梁启超的《先秦政治思想史》、章士钊的《农国辩》，最后从理论和历史的结合来阐明一种新的文化观。

21. 钱穆《文化与教育》，三联书店 2009 年版。

推荐语：本书乃汇集作者关于中国文化与教育诸问题的专论和演讲词而成，作者以其对中国文化精深闳大之体悟，揭示中西传统与路线之差异，指明中国文化现代转向之途径，并以教育实施之弊端及其改革为特别关心所在，寻求民族健康发育之正途。

22. 杨立德《西南联大教育史》，成都出版社 1995 年版。

推荐语：卢沟变后始南迁，三校联肩共八年。饮水曲肱成学业，盖茅筑室作经筵。熊熊火炬穷阴夜，耿耿银河欲曙天。此是光辉史一页，应叫青史有专篇。西南联大的精神过去存在，现在还存在，将来也会存在，而且应该使之发扬光大。

23. 马小平《叩响命运的门》，湖南文艺出版社 2014 年版。

推荐语：教育既是成才教育也是成人教育，尤以后者为重。该书选取古今中外最为著名的人文素养经典文章 102 篇，全书充满思想的力量和智慧的光芒，使读者可以“不见智者之面，而识智者之心”，是“人一生不可不知的常识”。

24. 卢嘉锡《院士思维》，安徽教育出版社 1998 年版。

推荐语：本书不再局限于对科学家精神品质的宣扬，而是着眼于更深的层次，考察中国杰出科学家得以建功立业的思维特征、智慧力量，让科学家们开拓、创新的智慧源——思维方法走出深闺。

25. 梁启超《中国近三百年学术史》，商务印书馆出版社 2011 年版。

推荐语：该书是国学大师梁启超先生的代表作之一，叙述了明清以降中国学术之演变，经纬交织、层次繁复，分别以问题叙史、人物(学派)叙史、学科叙史，构成社会思潮史、学派史与学科史三大学术板块。

26. 朱良志《真水无香》，北京大学出版社 2009 年版。

推荐语：朱良志教授通过对中国艺术和审美生活的考察，突出师法造化、逃避人工秩序是中国艺术的根本法则，围绕这个中心，全书对中国艺术的相关问题进行了饶有兴味的探究。

27. 李劼《历史文化的全息图像：论〈红楼梦〉》，广西师范大学出版社 2016 年版。

推荐语：本书在王国维的悲剧说和胡适的考据说之后，标出了又一个新的学术观点，即从灵、梦、情的三维结构上探讨《红楼梦》的总体结构、叙述风格、人物造型、意象构建，及其对于整个历史文化的审美价值和对于整个人类精神的反省意味。

28. 朱光潜《谈美书简》，北京出版社 2004 年版。

推荐语：《谈美书简》是美学大师朱光潜先生的“暮年心血”之作。全书由十三封书信结集而成，它娓娓道来，亲切自然，将许多深奥的美学知识通俗化，是初涉美学者的指路明灯。

29. 宗白华《美学散步》，上海人民出版社 1981 年版。

推荐语：在“机器的节奏”愈来愈快速、“生活的节奏”愈来愈紧张的异化世界里，如何保持住人间的诗意、生命、憧憬和情丝？美学大师宗白华的《美学散步》能给我们以启发。

30. 李泽厚《美的历程》，三联书店 2009 年版。

推荐语：《美的历程》把数千年的文艺、美学纳入时代精神的框架内，揭示了众多美学现象的历史积淀和心理积淀，具有浑厚的整体感与深刻的历史感。

31. 梁思成《中国建筑史》，百花文艺出版社 1998 年版。

推荐语：本书第一次把中国建筑史学纳入了系统科学研究的领域，以历史文献与实例调查相结合的方法，揭示了中国古代建筑的设计规律、技术要点，总结出中国建筑的成就和各时代的主要特征，使中国建筑史从蒙昧走向科学，形成为一门独立学科。

32. 王澍《造房子》，湖南美术出版社 2016 年版。

推荐语：本书是世界建筑最高奖普利兹克奖得主、著名建筑大师王澍的建筑文化随笔集，他以建筑为话题，探讨了中国传统文化当代性。王澍以自己的学术素养，以及营造经验，构建出独特的关于东方美学的审美体系，也给出传统文化进入当代的路径，这对于当下有非常重要的学术参考价值。

33. 计成《园冶》，江苏文艺出版社 2015 年版。

推荐语：这是中国第一本园林艺术理论的专著，这是明末造园家计成将园林创作实践总结提高到理论的专著，全书论述了宅园、别墅营建的原理和具体手法，反映了中国古代造园的成就，总结了造园经验，其精髓可归纳为“虽由人作，宛自天开”“巧于因借，精在体宜”。后流入日本，此书在日本被称为“夺天工”。

34. 扬·盖尔《交往与空间》,何人可译,中国建筑工业出版社 2002 年版。

推荐语:本书着重从人及其活动对物质环境的要求这一角度来研究和评价城市和居住区中公共空间的质量,在从住宅到城市的所有空间层次上详尽地分析吸引了人们到公共空间中散步、小憩、驻足、游戏,从而促成人们的社会交往的方法,提出了许多独到的见解。

35. 李诫《营造法式》,浙江人民美术出版社 2013 年版。

推荐语:这是我国古代最完整的建筑技术书籍,这本书的现代意义在于它揭示了北宋统治者的宫殿、寺庙、官署、府第等木构建筑所使用的方法,带你了解檐下铺竹网防鸟雀,室内地面铺编织的花纹竹席,椽头用雕刻纹样的圆盘,梁栿用雕刻花纹的木板包裹等现存建筑所不曾保留的、今已不使用的一些建筑设备和装饰。

后　记

北宋大儒张载有言："为天地立心，为生民立命，为往圣继绝学，为万世开太平。"张载是关学创始人，尊称张子，世称横渠先生，所以哲学家冯友兰将这四句话称作"横渠四句"。其意思是读书人其心当为天下而立，其命当为万民而立，当继承发扬往圣之绝学，当为万世开创太平基业。

其实，"为往圣继绝学"可以而且应该成为学术论著专题研讨的崇高使命。这里的"绝学"不仅是指圣贤之道，而且是指一切学术。国学大师马一浮先生认为，诗、书、礼、乐、易、春秋这六艺可以统摄一切学术，全部中国文化都可以纳入其中，西方哲人所说的真善美皆包含于六艺之中。马一浮先生的六艺之学，为我们找到了一条既连接古今又沟通中西的对话途径。实际上，本书所选的哲学、政治、经济、文化、教育、艺术、建筑等研讨专题就提供了这样一条对话途径。

经由这条途径，我们渐次叩开了学术研究的大门，走进学术的殿堂。在这个学术殿堂中，我们领略到了卢梭、黄宗羲等启蒙者高贵的思想，观察到布热津斯基、亨廷顿等战略家诡异的棋局，看到曼德维尔、萨缪尔森等经济巨匠构建的理论大厦，感受到孙隆基、刘再复等思想先锋内省的理论勇气，体悟到王国维、怀特海等大师对教育宗旨的顶层设计，触摸到胡晓明、朱良志等学者对东方美学的独特发现，喟叹于王澍、梁思成等建筑学家对建筑精神的挖掘。但愿我们能够在学术的天地中看到思想的力量、精神的力量和进步的力量。

也许，我们对这些学者所达到的高度、深度一时难以企及，但这并不重要，重要的是找到一个台阶，聚焦一个领域，发现自我的潜能，并且心存温度和热度，持之以恒，有所建树。

学术扬帆

学术论著专题研讨

“建树”从来都不是从零开始的，它需要积累，需要联系，需要分析，需要综合，需要发现，需要创造，创造总是建立在丰富的经验和神奇的灵感之上。为此，我们要脚踏实地，也要仰望星空。脚踏实地是为了防止凌空蹈虚，仰望星空是为了避免重复劳动。学术星空中的点点繁星，恰恰成了学术研究的精神坐标。

“建树”要始终走在实践与体验的路上。这本书所呈现的七个主题活动，涉及的都是我们面对的、日常的、熟悉的话题。这些活动设计，虽然不是七宝楼台，但也值得我们凑近、审视、端详、联想、冥想、玩味、生成、评价、发现、创造。

“建树”还要站在他者的立场上看自己。在学术活动中，我们更多地处于一种安全而优越的地位，享受着研究的愉快、骄傲和踌躇满志，却忽视了“被欣赏”“被观照”“被评论”。他者的目光，也许比我们的更专注、更锋锐、更持久、更具密度、更蕴深意。在多元的交互“讨论场”中，切磋琢磨，取长补短，我们才能返观内照，三省吾身，这才是“研讨”的价值所在。

关于本书版权事宜的启事

收入本书的文章已获得大部分作者的授权，但还有部分作者没能联系上。请您看到本书后与上海教育出版社联系，我们将寄上样书和稿酬。

图书在版编目(CIP)数据

学术初阶：学术论著专题研讨 / 林忠港主编. —上海：上海教育出版社，2018.3
(新课标　新语文　新学习/褚树荣主编)
ISBN 978-7-5444-8221-9

Ⅰ. ①学… Ⅱ. ①林… Ⅲ. ①阅读课—教学研究—高中
Ⅳ. ①G633.332

中国版本图书馆CIP数据核字(2018)第054973号

新课标　新语文　新学习
学术初阶：学术论著专题研讨
褚树荣　丛书主编
林忠港　本册主编

出版发行　上海教育出版社有限公司
官　　网　www.seph.com.cn
地　　址　上海市永福路 123 号
邮　　编　200031
印　　刷　上海展强印刷有限公司
开　　本　787×1092　1/16　印张 14
字　　数　224 千字
版　　次　2018 年 4 月第 1 版
印　　次　2018 年 4 月第 1 次印刷
书　　号　ISBN 978-7-5444-8221-9/G·6804
定　　价　35.00 元

如发现质量问题，请向本社调换　电话 021-64377165

